贝克知识丛书

DIE FRANZÖSISCHE REVOLUTION

法国大革命

Hans-Ulrich Thamer
[德] 汉斯-乌尔里希·塔默 著
经　轶　吕馥含 译

上海三联书店

1789 至 1799 年间的法国大革命对现代社会的发展有着无可比拟的深刻影响。它开启了法国政治、社会和文化状况的彻底变革期。作为一个具有划时代意义的事件，法国大革命的影响远远超越国界，在其他国家的政治和社会发展中也留下了深刻印迹。它推动了宪法的更迭和自由主义政治文化的产生。

汉斯-乌尔里希·塔默在本书中回顾了欧洲史上这桩重大事件的来龙去脉，介绍了大革命的主要参与者和他们的动机，解释了大革命重要的结构特征和首都巴黎的特殊角色，呈现了革命者围绕宪法和恐怖血腥统治的你争我夺。

汉斯-乌尔里希·塔默退休前是明斯特大学的近当代史教授，其学术研究重点为法国大革命及与之相关的权力和仪式、象征性统治和政治传播问题，著有《莱比锡会战》（C. H. 贝克出版社，2013 年）。

献给尤塔

目　录

第一章　法国大革命——开创性事件 …………1
第二章　旧制度的危机……………………………7
　　旧制度的结构和变迁 ……………………… 8
　　大革命的文化起源 ………………………… 14
　　无力改革的君主制 ………………………… 15
　　大革命前 …………………………………… 20
　　"老套"的危机 …………………………… 23
第三章　三起事件——一场革命 ……………… 26
　　从三级会议到国民议会：宪政革命 ……… 27
　　面包和自由：城市平民革命 ……………… 31
　　大恐慌：农民的反封建革命 ……………… 33
　　三次交织的革命 …………………………… 36

第四章　1789—1791年间法国的重建 ········ 39
　　国家和宪法 ·············40
　　议会和俱乐部、国王和人民：权力的分配 ·······45

第五章　1792年的二次革命 ·········· 52
　　议会君主制的失败 ············52
　　战争与革命：内外政策冲突的加剧 ········55
　　革命和暴力 ··············57

第六章　1793年的革命震荡 ·········· 61
　　共和国的宪法 ·············61
　　对国王的审判 ·············64
　　内外战争 ···············67
　　争夺权势：吉伦特派、山岳派和无套裤汉 ·······70

第七章　大恐怖：革命防御
　　　　　还是意识形态的统治？ ········ 78
　　雅各宾派和无套裤汉 ···········79
　　恐怖统治的合法化 ············82
　　罗伯斯庇尔的垮台和对恐怖统治的清算 ·······89

第八章　大革命的政治文化 ········· 93
　　新世界的诞生 ·············95
　　民主文化 ···············96
　　一场媒体革命 ············· 101
　　大革命的自我展示：革命节日 ········ 103

第九章　大革命结束了：1795—1799 ………… 107
　　遗忘策略及其失败 ……………………… 108
　　拯救和维护 ……………………………… 111

时间表 ………………………………………… 115
参考文献 ……………………………………… 122
德中译名对照表 ……………………………… 128

第一章
法国大革命——开创性事件

1789 至 1799 年间的法国大革命对现代社会的发展有着无可比拟的深刻影响。它开启了法国政治、社会和文化状况的彻底变革期。作为一个具有划时代意义的事件，法国大革命的影响远远超越国界，在其他国家的政治和社会发展中也留下了深刻印迹。它推动了宪法的更迭和自由主义政治文化的产生。短短几十年，法国历经君主立宪制、共和制以及拿破仑专制，制定了多部对 19 世纪和 20 世纪有着深远影响的宪法。大革命奠定了私有财产宪法和社会宪法的基础；它首次实践了民主政治文化并借此取得了政治自由上的突破；大革命还开启了社会政治化和政治语言意识形态化的基本进程，同时也展现了民主制度危及自身的一面。这使得大革命成为现代性的试验场。因此，其历史和政治意义延续至今。

老欧洲告别旧制度步入现代社会是一个漫长的政治、社会和经济转型期。从历史的角度来看，法国大革命是其中一大突出事件。与激烈的政治事件相比，一般的结构性变革有着不同的时间表。而短暂的革命事件是长期社会变迁的一个环节，十年革命的政治进程要与结构性变革关联起来。如此，它不仅是重大历史和划时代事件，其事态发展过程也备受关注。经 18 世纪的初步酝酿，在大革命中得以发展或完成；虽说在辩论和立法中已有萌芽，但直到 19 世纪才付诸实践。这尤其体现在经济和社会的结构转型上，相较于政治，它们更受长期因素及其他行动条件的影响。例如，这体现在政治管理中央集权化的发展上。专制主义国家政权的扩张催生了政治管理中央集权，雅各宾派政权及其委员助之达到下一个巅峰，人民主权原则无疑给这一巅峰披上了合法的外衣。因此，大革命也意味着鼓吹和宣言，现实则蹒跚在后。如此，1789 年并没有实现"公民社会的诞生"，而新法国的组建充其量只是这一进程中重要的、法制的一步。伴随着自身的经济势头和社会活力，该进程在 1789 年前已初见端倪，并在 19 世纪得到进一步发展。

在工业世界的腾飞期，法国大革命不过是一个配角，有历史学家甚至认为大革命危害到了工业现代化——它使得英国在工业革命期间获得了在1789年前并不拥有的绝对优势。

如果在经济和社会领域难以看出大革命所鼓吹的断裂，那么从更广阔的历史进程来看，大革命颠覆、革新的一面及其影响力意义何在？过去20年的最新研究找到了问题的答案，途径是研究聚焦于政治、宪法变迁及合法统治新形式的发展、人权和公民权宣言、大革命对民主政治文化的开创意义、政治代议及一体化的新形式。政治仪式和政治流通新形式的发展也包括在内。借助这些新形式，人民主权原则不再抽象，成为政治实践并清晰起来；而政治党派斗争也由此形成。本书的主旨在于介绍这些出自新政治文化史的见解和结论、展示大革命历史事件的同时讲述有关大革命的各种注解和回忆。

发明新的政治用语和一套现代政治术语是法国大革命的创造性成就，也是它给现代社会留下的遗产。法国大革命造就了一种新的革命概念。革命不再是18世纪时人们所理解的国家整体变化、精神进步、思想转变。现在，激烈且伴有暴力的政治和社会全面转变与革命这一概念如影随形，革命的诉求是建立全新公平的制度并以此推动历史的进步。

时人已经意识到这场变革的力量。1789年7月14日之后没多久,"我们三天穿越了三个世纪"的说法便传开了。同时,攻占巴士底狱这一历史事件也浓缩为一场历史变革的政治象征。急促的政治变革与人民的暴力行为相结合,导致对大革命的认识和解读迥然不同。暴力革命引起了旧君主制度拥护者的恐惧和愤恨。对爱国者——大革命的追随者——而言,一开始暴力行为是无心之举,它与理想中的法国改革并无关系,并将随着改革的推进而消失。然而未过多久,革命这一概念指的便不仅是日新月异的体验,也包括激进化以及将暴力视为改变的手段。法国大革命表现出两面性和两极分化。

有关大革命中暴力诱因和作用的讨论至今热度不减,如此历史事件为当代政治取向和政治传统的形成提供了一个尚无定论的参考。人们对革命专政和暴力的看法素来不一,正如1989年法国大革命二百周年之际,法国总统密特朗在庆典上发表讲话,认为大革命是"混合物",都表明了这一点。自从人们尝试终结大革命并指出有必要追忆大革命以来,有关大革命的历史解释和争论就是法国政治文化自我解读的一部分,一定意义上也是欧洲政治文化自我解读的一部分。一位有历史意识的政治公民有何种政治倾向或属于哪一阵营，判断标准也可以是他在回顾事件或认识自我时参照的是这一矛盾历史时期的哪个阶段，还是说他完全否定大革命。这无疑让人们对大革命的记忆鲜活起来。但有评论家认为，这也导致有关大革命的历史编纂故步自封。虽然研究了大量原始资料，出版物也颇多，并提供了深刻的分析和重要解读，但都未能坚持从历史条件和发展进程的角度阐释大革命，大革命主要成为所处时代下历史政治自我解读和自圆其说的对象。

不管过去还是现在，法国大革命史一直是历史书写和政治相互交织的经典范例。各个时代都对这场大革命作了自己的解读，历史由此成为当下某时代的一部分。众多迹象表明：这种当下理解和历史解读结合的机制有所弱化，对法国大革命的历史探讨不断发展，对大革命的认识更加多样化，对其矛盾之处直言不讳，但大革命作为现代政治文化开创性事件的重要性并未因此减损。本章概论并不探讨有关大革命的阐释史和影响史，重要的学术争论也只是粗略谈及。这是要给读者一个信号：等待他们的内容可能颇有难度。有关革命起因与后续发展之间关系的问题一直争议不断。对众多复杂起因的分析能否说明之后的蓬勃发展以及大革命的方向？旧制度在政治上崩溃后,继之出现的是一个具有自身活力和行动逻辑的政治变革期吗?1789年的思潮是否能预见大革命有朝一日会演变为政治暴力和有体系的恐怖统治?马克思主义观点向来认为,大革命的兴起和发展是贵族和资产阶级之间阶级斗争的产物。若非如此,那什么才是大革命发展的推动力?据时人观察,该动力导致几天内事态变化和新事物产生。而在"普通"年代里,这需要数十年的时间。新的政治和宪法形式、鼓吹和冲突、政治主体的措施和运动对大革命中人们的感知和行为有何影响?这些措施和运动包括组建政治俱乐部、参与选举、推广新历法、推动民事婚姻进程和政治性节日以及大规模征召入伍。

第二章
旧制度的危机

1787年7月5日,国王的首席大臣洛梅尼·德·布里安宣布召开三级会议,并主张就会议形式和目标展开公开讨论。彼时,谁也没有预料到大革命即将到来。在大革命前的法国,三级会议是各省代表的集会,成员由来自教士、贵族和第三等级的议员构成。他们自1614年起就未再集会,而恰恰是这样一个公开讨论下的古老机构要承载起对革命既模糊又不定的向往。十多年来,有迹象表明君主专制因国家债务加重而面临财务和政治危机,且这些迹象越发明显。地方法院和高等法院扮演着制度上不存在的反对党角色,它们要求发挥代表和监督作用。这导致与王室之间的长期内政矛盾不断激化。

最终，由于人口增长而就业机会越来越少，物价上涨但工资不涨，财政状况每况愈下。而纺织业发展中存在的问题和农业连年歉收不啻火上浇油。旧制度下的种种危机相互交织，君主专制的政治制度无力招架，因为君主制一再表现得改革无能。因此，当遭遇中短期的经济和财政危机、特权阶层的强烈反抗以及王室适应和平衡能力不足这些问题时，长期的经济、社会和政治结构问题便成为不能承受之重。更重要的是：大革命前夕等级斗争的动员过程中，这些结构问题便被政治化了。

18世纪80年代，社会不满和反抗愈演愈烈。但早在十年前的社会批判评述中，人们便因经济发展和结构问题谈到抗争和可能的革命。革命迟迟未到。一贫如洗的作家兼评论家路易·塞巴斯蒂安·梅西耶在《巴黎图景》(*Tableau de Paris*)中展现出对社会现状的敏锐观察。在他看来，考虑到专制主义的监察体制、市民利益与王室利益千丝万缕的联系，某场反抗演变为一场公开暴动的可能性微乎其微。

旧制度的结构和变迁

大革命前夕的报道和1789年春的陈情书都频繁地

将矛头指向"封建制度"。等级制度的反对者并非针对中世纪的领主法律制度，也不针对领主和封臣的关系，而是直指一种社会经济体系，即封建领主土地所有制。领主大多也拥有审判权，他们要求依赖土地生存的农民以实物或金钱形式缴纳赋税，还打着徭役的旗号强迫农民多干活。这一制度关系到封建权利，准确讲是领主权利，如捐税、苦役以及农奴制残余。常规税不算什么，造成负担的更多是特殊捐税，即封建领主所立的其他特权名目如徭役、领主赋税、领主狩猎权、领主磨坊或榨酒作坊使用税以及对乡镇地方法的干预。人们对此怨声载道。这表明，在18世纪下半叶，许多包括贵族和资产者在内的领主再次行使了这些部分已被遗忘的权利。农业经济表现出一定的商业化和现代化，贵族领主和租地农场主对此贡献相当，这有些再封建化的意味。贵族和第三等级在农村有着共同的利益，即通过合理经营、支配地主财产和与之相关的权利以最大化地利用农业地产。行之有效的手段包括扩大和改善耕作、侵占共有土地——实际上是所有村民对集体财产如牧场和森林的共同权利。这危害了传统的农村集体权利。农业资本主义利用了古老的财产宪法，领主税的提高是农民抗议的焦点。然而直至彼时，反抗多是消极的：人们拒绝缴纳领主税，对领主和新出现的农业雇主提起诉讼，用以重新划分田地的篱笆和沟渠成为被破坏的对象。村镇用自己的方式批判等级制度，以此拉开了法国1789年农民大革命的序幕。与革命前的消极抗拒形式一样，这样的批判表现得保守和克制。

如果说不能将18世纪70和80年代的这一所谓"封建反动"现象理解成封建贵族和资产阶级之间的阶级对立，那么对大革命的经典且视角更全面的社会经济学解释同样难以令人信服。该解释认为大革命是资本主义经济形式和有产者利益增长的后果。因阻挡资本主义市场关系成为主导的生产方式，贵族和教士遭遇反抗。据此，大革命真正的诱因是封建贵族利益和有产者利益之间的阶级矛盾，它体现了自信起来的资产阶层的阶级觉悟。但这种说法早已经站不住脚，虽然大革命的同时代人和参与者，如国民议会的领导人和君主立宪制的坚定捍卫者安托万·巴纳夫也发表过类似观点。个别贵族在农业现代化（如冶金、采矿）上扮演着积极的角色。在该目标上，他们与平民地主和养老金领取者无甚差别。他们的社会目标也差别不大，因为贵族土地所有者业已拥有的等级和权力，平民中的精英同样追逐。贵族和平民追求相同的财产形式,即一份稳定可靠的财产,如地产、得益于领主权的类养老金收入或是可以购买并换取利益的官职。与对财产名目的"非资本主义"持有类似,贵族和有产者在贸易和工业资本主义上没有明显的不同。新的竞争关系无疑由此产生,对有传统意识的贵族而言,平民这种升级的决心意味着对世代相传的贵族地位的破坏。反过来说,学院和共济会分会重视进步的生活和思考方式,这也削弱了贵族的排他性。最后,所谓的阶级和封建局限性从长期历史角度来看束缚和拖累了法国经济,必须通过平民资本主义的觉醒和变革来摆脱这些障碍的观点绝无道理。与英国经济相比,法国的经济并非在发展巅峰,但也并不落后,这场大革命并非由长期经济低迷和贫困引发。

18世纪下半叶,法国经济和社会波动不断,与传统的等级结构和对应的阶级伦理越来越难以相融。旧制度产生了裂缝,资本主义无孔不入、寻求突破。贵族和有产者之间的经济差异缩小,只有在法律上依旧呈割裂状态。虽说贵族、教士和第三等级中广大农民两者间巨大的物资和法律不公依然存在,但是等级内部的经济矛盾也越来越突出。1788到1789年的阶级斗争爆发后,两个特权等级和第三等级之间的尖锐对峙肯定不能用经济历史的原因来解释：既不在于经营方式上的矛盾，也不可归咎于长期的经济发展趋势。

更具决定意义的是社会文化领域的紧张关系。1750年后形式更加严峻，诱因是政治社会统治制度基础的瓦解。交错的经济、社会和文化变迁引发了这一转变，而这些变迁也导致了等级内部的差异和分裂，诸如价值观和行为方式的转变。贵族依旧凭借声望、财富和权力在社会和统治中占主导地位。保守估计，贵族在大革命前夕占国民总人口的1%—4%。他们虽然能够维护自身特权，通过自我评价和特有的生活方式自成一体，但实际上，佩剑贵族（起源于骑士时代的古老贵族）和穿袍贵族（由国王授予高等官职）之间的矛盾不断。随着穿袍贵族的政治和经济影响力越来越大，宫廷贵族不但打压第三等级，也排斥与第三等级上层关系亲密的贵族群体。这些宫廷贵族自1652年起聚集于宫廷。因此，所谓的"贵族反动"主要不是反对第三等级，而是针对新贵族。这体现在令人匪夷所思的淘汰措施上：根据国防大臣塞居尔1781年的法令，军官至少要有四代贵族血统。接受了启蒙思想的贵族试图接近启蒙运动的意见领袖及联络场所，并赞同他们的价值观，贵族阶层因此更加多样化。从中能看到，受到启蒙的精英人士价值世界趋同，传统主义者将之视为"资产化"，而在第三等级内部与贵族的生活世界划清界限的意识更为强烈。第三等级的人口数量从1700年前后的70万增加到18世纪80年代的230万。质朴的行为和生活备受推崇，注重卫生和健康成为社会美德。在有产者眼中，戴假发、喷香水的宫廷人士和下等人身上的臭味一样令人作呕。

在不靠手工劳作积累财富的资产阶级，即第三等级内部，社会重要性差异越发明显，以至于很难讲有共同的有产者阶级意识。食利者坐拥金钱或财物，意图通过买官买地向贵族靠拢。此外还有法律工作者和宫廷公职人员，医学、科学和艺术领域的自由职业者，最后还有金融资本、贸易资本和工厂资本的代表。后者人数增长明显，尤其是在海外贸易中，但并非革命的主体。革命主体来自律师、学者和公职人员。旧制度行将崩溃前社会矛盾激化，也与平民知识分子就业市场的变化有关。年青一代难以再在学院、法院和公职机构找到工作，靠评论时事和零星写作艰难度日。他们的失望汇聚为对贵族和法院的尖锐批评，而这些批评实际上针对一切享有特权和生活优渥的人士。

大革命的文化起源

这引人思考启蒙运动对大革命的爆发有何贡献。大革命的同时代人也热烈讨论过该话题。通常，他们将对一切传统思想、信仰和行为的理性挑战——简单说来就是启蒙运动，看作大革命的先决条件，并认为大革命是启蒙运动的实现。而大革命的反对者也持相似看法，他们在大革命中看到了启蒙学派和自由思想者的阴谋。不难理解的是，大革命中的各种关联实际上要复杂得多。启蒙运动的大思想家们并未直接施加个人影响，因为他们辞世的时间距1789年已经很久了。也并不像阴谋论者所断言的那样，启蒙运动团体和雅各宾俱乐部在组织上有直接的发展脉络可循。革命者的行动指南也并非直接源自启蒙思想家卢梭（1712—1778）和其他大思想家的政治著作，至多来自通俗读物，由一些知名度较低的作家如阿贝·雷纳尔拼凑而成并通过书本和杂志传播。当政治实践的纲领和根据必须到国民议会委员会或是政治俱乐部中去提炼，理解通常就会加深。在此之前，多样化的启蒙运动更多是以一种思考方式、特殊的交流形式和一些基本信息来传达要义，传统价值和权威受到质疑。18世纪70年代以来，民族、自由、人民主权、天性和理性取代君主制、等级制和宗教越来越成为最重要的参照价值。阅读内容也有所变化：宗教、宪法历史读物等正统读物地位明显下降，大量涌现的是哲理作家笔下批评体制的政治类作品，还有这些作家因生活窘迫偶尔创作的色情小说。这些作品总有颠覆和反权威效应。此外，学院的启蒙团体通过社交沙龙、共济会分会和读书会，宣传、讨论并部分实践新思想。一言以蔽之，启蒙运动是权威危机激化的催化剂和标志。其意义在于创建了一个新的批判性政治话语并加以扩展，实现方式是通过自身组织和交流形式塑造了一个批判思考的公共领域，追求思想的不断推进和激进化。

无力改革的君主制

当旧制度的改革无能和体制危机暴露无遗时，这种思想就发展出打破制度的力量。因为导致旧制度崩溃的不是等级间的社会矛盾加深，不是市民阶层的参与要求，也不是自由和公民平等思想的传播，罪魁祸首实乃财政和经济危机加剧时旧制度的运转不灵和改革无能。而结构问题由来已久。每当君主制度试图巩固权力和改善财务状况时，这些结构问题便浮出水面。尽管表面上看起来奢侈华丽，但自路易十四（1643—1715年在位）以来，没有任何一个国王成功改革管理结构和税收制度，他们总是受到阶级中间势力的牵制。这些中间势力——各省法院、省三级会议、教士和宫廷贵族——并不能齐心协力地提供另一种选择，却有足够的影响力一次次实施封锁。因为王室虽然借助宫廷光环制造了中央集权的印象，对王室而言自信的贵族也做到了自律，但君主专制并未最终实现，并始终依赖中间势力。

国王拥有双重身份，这与那个时代的不同步和交错性特征十分相符。国王出身高贵，是最大的"领主"，位于等级社会的最顶端。同时，他也是凡尔赛统治机构的首脑，该机构有着集权要求，对中间势力和外省却没有足够的掌控力。君主制不只是封建统治集团的附属，它具有合法地位，也有自己干预等级社会的形式。国王通过王室政府实施统治。国家财政和债务越重要，负责内政的财政大臣就越有影响力。34个财政和税收区域的内政掌握在督察官手中，他们在地方上代表着王室的集中权力。这些督察官与传统的管理机构及等级公职人员展开竞争,这些等级公职人员的合法性并非来自中央，而是源自其等级归属和地区出身。法院在地方上拥有最高决定权，当然，一位强硬的国王可以通过古老的庭审程序（御前会议）迫使法院低头。此外，还有结构独立、权限分明的教会行政分支，各地区拥有数不清的特权。法律、行政和领主职权并行交叠，混乱局面由此产生。这是因为在一个看起来坚实的前现代统治制度下，传统的阶层、机构和习俗不会被废除了事，而是新旧并存。大革命及其可行性和可计划性上的基本经验将改变这一点。

社会变迁使得脆弱的平衡体系愈加摇摇欲坠，各等级的价值观不同和有关行政机构合理化的要求不统一是改革受限的根源。

这在税收制度上最为明显，追求更公平更高效的改革尝试未能成功。因为在自治省，即三级会议行省，征税须经其同意；而在选举省，即国王直接干预税收问题的省份，由国王的官员征税。农民饱受纳税之苦，除了必须向国王缴税外，还需向贵族、法院缴税并向教会缴纳什一税。而城市平民的经济负担相对小，第一和第二等级的成员则完全免税。暴动的根本原因不是税高——如与英国相比——而是在社会中征税不公以及区域间差异大。农民尤其痛恨间接税，虽然与因分配不公同样导致民众不满的直接税相比，它们在国家收入中所占比例较小。

由于提高税收不现实也难以实现，18世纪中叶以来已经有多位财政大臣试图通过纳税平等为国家征收更多税款，但皆因中间势力反对而以失败收场。巴黎、格勒诺布尔、图卢兹和鲁昂的法院在反抗（抵制）的过程中，甚至将延长征收念一税这一特殊税的尝试定为政策，做法是要求所有法律须经法院同意方可通过。法院宣称自己是王国基本权利的守护者，似乎在以此图谋最高权威，这使得对峙更尖锐。王权又一次受到挑战，因此内阁大臣莫普推行了司法改革，并废除了法院。他组建了仅具备司法职能的新上诉法院来代替法院。然而在法律界的反抗被打破前，路易十五去世了。继承人路易十六心怀善意并希望赢得赞许，他恢复了法院。法院并未因此感激他，它们变本加厉地追逐特权，拒绝任何形式的纳税平等。不久之后，启蒙哲学家的同道中人、新一任财政大臣杜尔哥在1776年试图通过一项系统改革实现开明专制，但也以失败告终。世人很快明白，这是君主制度无力改革的最终佐证。杜尔哥的接班人、瑞士新教徒内克尔虽然是法国旧制度的局外人，但作为成功的银行家，他有口皆碑。他试图推行小的行政改革，特别是通过举借外债为美国独立战争筹资，战争最终以美国独立、英国被迫签署《巴黎和约》告终。为提高国家信誉，内克尔于1781年公布了国家财政预算，这在君主制王国的历史上是破天荒的。而愤怒的民众看到的只是宫廷花费很大，特别是用于宫廷贵族的养老支出。1786年，他的继任者卡洛纳也试图通过一些让步推动贵族接受取消税收特权。他建议国王召开显贵会议，并于1787年2月向显贵会议提出组建省三级会议并希望自己的改革方案得到赞同，即征收普通土地税、降低盐税和取消关税。卡洛纳的想法是：在极端困境下，这些主要来自贵族的显贵人士很难无视强烈的公众舆论而坚持特权。而显贵和其他中间势力一样对此坚决抵制的原因有二：第一，显贵认为专制国家的建立过程对自己的政治社会自治权造成了侵害；第二，在他们看来，新富阶层的上升期望以及农民高涨的反封建情绪威胁到他们的地位。为了巩固自身地位，显贵要求重新启动法院，呼声更高的是召开三级会议。即使遭人遗忘，但三级会议始终是整个国家的合法代表。人们谈论国家和国家代表，在王室和各等级的权力斗争中看重公众的政治积极性，政治概念和政治策略由此进入公众讨论。这种讨论很快活跃起来，最终与旧制度形成对抗，特别是1787年形成的省自治团体，日后证明了自己是革命派。1789年的国民议会约有18%的议员来自之前的省等级会议。

大革命前

卡洛纳首先成为宫廷权力斗争的牺牲品。他的下一任图卢兹大主教洛梅尼·德·布里安遭遇了同样的抵制，故于1787年5月解散显贵会议。他再次寄希望于专制权力，希望通过御前会议强行实施新税法，对此，巴黎最高法院公开表示反对。借助新一轮的时事评论运动，这些自称捍卫自由的人反对政府专制。大革命前这一阶段就此拉开序幕，并最终将公众这一全新力量推上历史舞台。

最高法院由于不服从而被驱逐到特鲁瓦，很多省市因此暴动、罢工、劫掠频发，直到政府最终屈服、召回最高法院。新一轮权力斗争开始了，最高法院再次被罢黜，民众的怒火再次燃烧，君主制政府在此过程中明显转入守势，传单和谤书使人们对国王的权威产生了质疑。各省的等级代表会议要求召开三级会议的呼声越来越高，布里安政府最终向公众压力低头，宣布召开三级会议。改革宣传单和政治小册子立时再次如雪片般涌出，震动着这个饱受农业歉收和物价上涨之苦的国家。

尽管审查制度依旧存在，新闻战还是走向舆论自由。

在新闻战中,各种期望和要求的矛盾之处很快暴露无遗。特权等级批评"政府专制"并要求法国革新,意在重立及维护世代沿袭的历史特权和"自由"。而第三等级代言人不久自称"爱国者",他们指出各个弊端,继而希望摒弃统合主义的统治及社会制度,并期待国王新建一个主权国家。1789年1月,最早在奥尔良省三级会议中积攒了政治经验的阿贝·西哀士提出:国家需要政治自由和主权独立。该表述极具语言和政治鼓动力,在许多其他宣传册中一再出现。问题貌似简单,答案却具有革命性:"第三等级是什么?一切。迄今为止,第三等级在国家秩序中是什么?什么也不是。第三等级要求什么?成为国家秩序的一部分。"他声称第三等级代表国家,无异于推翻了传统统治的合法性。传统统治要求国家只有一个政治和社会上的统治阶级。第三等级拥有组建和维持一个国家所需要的一切。如果特权等级取消了,国家并无损失,反而有所增益。

要求全面改革的呼声变得强烈,传统主义者想要坚守自身的等级利益和特权不得不打着代表人民的旗号谋求少数人的利益。各法院于1788年9月23日宣布同意组成和表决的老方法,充分证明了这一点。据此,教士和贵族的代表是第三等级的两倍之多,各等级分开表决。

布里安无计可施，国王按照他的建议召回内克尔担任首相。但内克尔的第二次任职也未获成功。在1788年11月初组织召开的第二次显贵会议上，他的改革提议被否决。君主政府面临财政破产，贷不到款。显贵会议希望能利用三级会议强迫国王接受自己的想法。而内克尔则试图调动公众拥戴王室的爱国情绪，国王的弟弟担心每一次让步都会威胁到君主统治，而内克尔力排异议，在1788年12月27日的枢密院会议上将第三等级数量增至两倍。然而，国王不同意按人头集体表决，使得这种妥协再次失去意义。继卡洛纳和布里安之后，内克尔也意识到国王不会支持坚决的改革。尽管如此，此时没人想到会爆发大革命，更别说推翻君主制了。

陈情书（*cahiers de doléances*）也充分体现了这一情绪。在1789年头几个月的三级会议选举中，陈情书一直如影相随。按照过去的等级惯例，这是每场大会在选举代表时的权利，即在六万次左右的竞选大会上陈述自己的意见和期望。这在民众开始觉醒的条件下成为一种民意测验(对历史学家而言是宝贵的资料)。农民对"封建制度"的压迫怨愤难平，民众要求权利平等，部分贵族支持宪法自由。然而，没人想到废除君主制度。相反，许多陈情书期待国王废除等级秩序。巴黎选区的要求更加极端，那里直到5月初政治讨论已初具规模时才召开选举大会。因而在巴黎的陈情书中，人们谈到必须制定一部宪法，谈及政治自由和一场正在酝酿的革命。

选举按照梯度——间接程序进行。在地区会议中，只有较高等级人士直接参与选举。在教士中，神父有选举权，但并非所有的大教堂教士和僧侣都有选举权。同样在第三等级内部，有投票权的是25岁以上并登记为纳税人的公民。这在当时相对民主。不过分级选举权确保了温和与节制。选举分行会、城区、村庄，即教区进行。教区选出选举人后，这些选举人再从自己的圈子中选出代表参加三级会议。选举程序冗长，因此热心于政治的公民借助小册子和传单在城乡做宣传，这也是为撰写陈情书做准备。

"老套"的危机

除了三级会议的召开，面包价格疯涨也于1789年春成为重要新闻。有些原本并不太关心国家财政困境和运作不力引发的公开讨论的人，此时也产生了不满和愤怒情绪。由于物价上涨和生产不足，经济上的困难先后殃及城市消费者、贸易和商业，将"人民大众"推上了政治舞台。起初，这种老套的危机机制按照众所周知的模式发展：1788年农作物收成不佳，1788到1789年的严冬再次导致全国农作物普遍歉收。这断绝了农民出售粮食和留存足够的饲料蓄养牲畜的机会。只有贵族和神职人员的仓库塞满了通过征收什一税和实物税而来的物品。因此，它们成了发泄怒火的对象，人们要求开放仓库并以"合理的价格"出售存品。为了表达决心，人们抢夺运输途中的粮食，抗议行政不作为，认为满足其日常需要的面包是其职责所在。更为糟糕的是物价飞涨给城市消费者带来的后果，对他们而言，面包是每日赖以生存的主要食物。与好年份相比，面包价格在1789年6到7月提高了约200%，达到百年顶点。城市手工业者平均须支付一半的收入用于购买面包。每一次的价格上涨都危及生存，尤其会导致对其他生活必需品的需求大幅回落。上一次这样的物价上涨危机和面包引起的暴动发生在1775年，但这一次迅速扩散的面包动乱波及政治气候。1789年4月三级会议选举过程中，最激烈的动乱席卷巴黎。1789年4月23日，壁纸制造商雷韦永在圣安托万郊区的选民集会上抱怨不得不向350名作坊工人支付高昂工资时，公众怒了。尽管他一直有着好雇主的名声，四天后仍爆发了游行示威。警察出动了，但义愤填膺的人群最终还是冲进了他的家并洗劫一空,这些人主要是徒工、小手工业者和工人。数百人在镇压中丧生。即便示威游行者喊出了"第三等级万岁!"或"国王万岁!内克尔先生万岁!"的口号,这却并不是一起政治民运事件,体现的还是古老思想,出发点是要求"价格合理"和"好"国王承担起救济责任。因此,雷韦永骚乱只是大革命的一场序曲。

第三章

三起事件——一场革命

1789年4月底,近1200名代表来到凡尔赛,目的是在一场隆重的开幕游行中体验貌似稳固的等级君主统治有着何种仪式。他们不曾想到自己会在凡尔赛和巴黎待到1791年秋,还在那里经历并参与了宪政革命中的重要事件。上一次三级会议于1614年召开,代表们向国王反映疾苦后便被送回了家。然而,1789年5月的代表遇到了一位优柔寡断的君主,他对政治发展不甚上心。在国民议会自我宣告后,他很快将其视为一股政治反对势力。国民议会最终成为唯一的权力中心并推动了君主专制的倾覆。

从三级会议到国民议会：宪政革命

开幕式便让第三等级代表看到自身地位何其低下。等级成员招待会上的礼仪规定对第三等级而言无疑是种羞辱。他们被安排在队伍的最前面，尽可能远离国王。第三等级代表到达路德维希教堂后必须自己找位子，只有贵族和教士才拥有预定好的座席。第一、第二等级代表身着带有各自等级标志的华贵衣服出席会议，第三等级的代表们却统一身着黑色套装、黑色长袜和黑色大衣。

5月5日，国王路易十六以一段言之无物的简短致辞宣布会议开幕。受其委托，财政大臣内克尔用冗长的发言来描述对三级会议的期待：改革税制、新闻出版自由、刑事立法和司法管理。对制定一部王国宪法和尚不明朗的表决问题却只字未提。尤其是第三等级代表因改革期望落空而不愿讨论增税话题，除非他们的政治发言权获得认可。为了强调这一点，第三等级代表拒绝参加分等级举行的纯技术性选举审查程序。相反，他们以维齐尔省议会为榜样，并明确依照英国下院规定自称为平民议员。首先，他们要求抛弃等级传统，由三个等级共同协商并按人数表决。这不仅可以使第三等级578人对291名教士代表和270名贵族代表这一比例优势凸显，而且也有望借此实现最大群体代表国家的诉求，并让另两个等级代表渐渐理解并接受这种状态上的转变。实际上三个等级内部在观点和利益上就有差异，革命之所以发生正是因为不少代表行动时考虑的不仅仅是等级和利益。约三分之一的贵族，即 90 名贵族秉持自由开明的思想。第一等级中有三分之二是低级教士，他们对改革的开放态度与他们对高级教士的批判态度不相上下。到场的主教只有 46 人，就连他们当中也有思想自由人士，比如来自欧坦的主教塔列朗。最初第三等级步调非常一致。近 600 名的第三等级代表中超过一半是律师和公证人，其次是官员、商贩和手工作坊主。一些代表来自另两个等级，如阿贝·西哀士或米拉博伯爵。

开幕式之后，整个 5 月表面看似波澜不惊，实际上第三等级群众聚在一起并组建了议会之外的第一批非正式团体，如"三十人社"和"布列塔尼委员会"，以商讨下一步行动。教士阵线慢慢瓦解。6 月 12 日，第一批倒戈者加入第三等级阵营，其中有阿贝·格雷瓜尔，直到 6 月 17 日，公社感到自身足够强大，宣布成立国民议会。公社宣传自己代表了"全国至少 96% 的人"，因此也代表"国家的集体意志"，革命行动就此展开。来自各团体和等级的代表和利益代言人通过一份政治信仰声明成为整个法国的代表。如此，国民议会动摇了其他两个等级的政治权利，并为这个全新不可分的总代表权争取了等级会议未曾有过的权利和职能。教士和贵族代表也可以加入这种共同代表。国民议会要求代表整个国家。迄今为止，这是国王的专利。这是对传统统治制度的宣战，刚开始这一宣战并不明显。真正的权力较量将缓缓展开。

庄严的效忠誓言象征性地确认了第三等级的革命步伐，它迫使第一、第二等级代表，尤其是国王做出抉择。6月19日，教士等级以（149对137票）微弱多数通过决议宣布联合，第二等级内部80名改革少数派也赞成联合。其他想维持等级统治制度的代表现如今簇拥着国王，而数周前他们还想削减国王的权力。在马尔利，路易十六与他思想自由的大臣们不得相见，身边只剩下反动的宫廷势力，他态度坚决并在6月23日召开了三个等级参加的御前会议。此前，人们试图阻止革命的国民议会进驻会场，直到后者于6月20日在网球场大厅集会并宣誓宪法出台前绝不解散。这是又一场革命行动，意味着国民议会取得制定宪法的合法地位，为议会的决定象征性地披上了一件神圣的外衣。6月22日在路德维希大教堂与大部分教士及部分贵族的联合更加强化了这种坚定和一致。在6月23日的全体会议上，国王打算隆重开场后借助君主排场和武力恫吓将革命议会前些日子所宣布的一切化为虚有。为彰显独立的要求，议员们打破成规，即使国王在场也没有脱下帽子。国王在讲话中允诺改革，但不可改变政治社会的等级结构，也不应触犯特权阶层。今后各等级也应继续分开开会。如有不从，国王将借助暴力将其解散。

就在几个月前，这一最低程度方案还广受支持，但政治的发展早已超越了该阶段，代表们也不再重视这场典礼。巴伊对要求服从国王命令的大司仪宣称："集聚一堂的民族不接受任何命令。"米拉博补充说：只有借助刺刀的力量才能将人们驱逐。另一方面，他为议会争取抗辩权和商议权。国王犹豫不决，在有些场合动用了刺刀。当贵族出面保护第三等级，并有47名贵族代表在国王的堂兄奥尔良公爵的领导下加入议会时，国王做出了让步。6月27日，路易十六最终屈服并命令两个上层等级，即那些一直抗拒政治发展的人加入国民议会。可第三等级并非稳操胜券，集结在凡尔赛附近、虎视眈眈的军队，和动荡不安的首都便是最好的说明。内克尔于7月11日被免职，这对第三等级而言象征着挑衅，因此引发了巴黎的骚乱。

面包和自由：
城市平民革命

巴黎的首都革命及之后发生在其他城市的革命，挽救了凡尔赛的宪政革命。民众，即社会普通阶层和参与者，就此登上了政治舞台。此前，他们只是作为观众或政治客体经历种种事件。政治舞台扩大到街道和广场、皇家宫殿广场这样的露天集会场所以及当时的教堂和寺院。最终，随着大革命的社会影响和地域范围的扩大，政治辩论的方式也丰富起来：冲动的社会情绪转化为议会演讲和政治宣传册。巴黎充斥着政治热情和激烈辩论，也充斥着恐惧和谣言。

1789年7月之前，人们便在皇家宫殿广场和街头热烈讨论西哀士的文章和反对鼓吹君主制的檄文，市民演说家试图博得关注。他们借助煽动性演讲进一步推动社会上的恐惧情绪。年轻的律师卡米耶·德穆兰就可能的军事胁迫发出警告，并号召民众拿起武器。在这种氛围下，自然而然出现了暴力事件：45处海关有40处被拆毁，寺院遭到掠夺；人们借此以寻找粮食和武器。

人们在圣拉扎尔的修道院、兵器制造商处和巴士底监狱中找寻武器。7月14日,约8000名巴黎武装群众包围了监狱。漫长谈判后,监狱长洛奈侯爵下令射杀群众。围攻者中98人丧生,73人受伤。夺下监狱之后,愤怒的群众出于报复私刑处死了7名守卫人员和他们的司令官。谁是"巴士底狱的赢家"?后来的人记录了一份荣誉名单。662名积极分子中有一小部分是资产者。大部分属于平民,是小人物:他们是来自30多个不同行业的商人、手艺人、伙计和雇佣工人,很多是木匠、家具工匠、铁匠、裁缝、泥瓦匠和葡萄酒商。

攻占巴士底狱事件造成了诸多政治后果:它挽救了国民议会并且确认了权力更迭的合法性。第三等级中的巴黎选举人选出了三级会议的代表,开始组建疏导暴力事件的民兵组织。他们还在巴黎市政厅组建了一个临时市政府,由天文学家巴伊和从美国独立战争归来的法国英雄、军事指挥拉斐特领导。7月17日清晨,国王最小的弟弟阿图瓦伯爵因君主制衰落离开法国,他是第一批流亡潮中的名人。国王似乎适应了新的权力关系,他正式承认了国民议会,并请求议会帮助恢复秩序。国王将内克尔召回政府部门,于7月17日视察起义中的首都并认可了人民起义。城市市民的团体行动使得公民政治革命陷入两难境地。资产阶级革命者自认为是启蒙运动的追随者，他们是否应当同意野蛮的暴力是未启蒙阶层的合理报复行为，是对专制统治的残酷惩罚程式？还是要因为他们过度冲动和野蛮而疏远他们，或是尽管厌恶他们，却依然替他们辩解？无论如何，暴力问题从那时起便是政治议程的内容。

一些新闻出版者希望这是偶发事件，却希望落空。自发起义在全国引起一系列的地方权力争斗，攻占巴士底狱只是其中最轰动的事件。在各省市和乡镇，革命集会和起义、政治俱乐部和民兵组织的建立、公开讨论和过度暴力都存在，这些伴随或推动着王权的垮台。革命派在地方夺权后，拒绝纳税普遍爆发，各种象征性和实质性行动屡见不鲜，这包括大肆破坏、军事抗命以及与平民称兄道弟。同时，这也是外省积极行动和参与政治的开端。

大恐慌：
农民的反封建革命

与1789年6到7月发生在凡尔赛和巴黎的武装起义相比，市政革命引发的后果多少更为严重，农民揭竿而起、城堡受袭、集体恐惧情绪蔓延。1788年12月开始，普罗旺斯省、弗朗什-孔泰大区、北部和巴黎盆地的农民拒绝纳税，也拒向领主缴税。有关国民议会新法律的消息传来，人们得知这些法律因王室和军队等因素将难以实施，巴黎革命的进程也得以披露，这导致愤怒与抵抗升级。向往过上好日子，又担心贵族的报复，农民饱受折磨，更别提这一切发生在收割季节。那些成群结队、蹒跚于田野的乞丐可不正是领主的"代办人"？领主们希望摧毁收成，也借此摧毁农民的生存基础和对革命的期待。对这些强盗的恐惧如同波浪在村庄之间扩散，几乎覆盖全国（布列塔尼和东部地区除外）。恐惧引发了恐慌反应，农民用镰刀和长矛来武装自己，与领主和封建统治制度针锋相对。劫掠事件出现，人们要求夺回乡镇磨坊，但首要任务是销毁封建档案。集体恐惧和暴力事件使这一次的爆发不同寻常并显示出其原始力量，大恐慌出现了。这些起义无疑有着农民暴动的传统和自身逻辑，但它的爆发和后果与大革命密切相关：农民接受了资产者的政治话语，他们的行动推动了凡尔赛和巴黎的政治发展。此外，1789年的夏日起义还在继续。作为农民革命，这些起义有着自己的反封建目标和要守护的对象。如此，农民革命的社会经济设想明显有别于资产革命的占有性个人主义理念。但作为反对现有制度的革命运动，农民革命同时与巴黎政治舞台上的革命事件联系密切，具体看既可能是推进也可能是阻碍革命的行动。因此，它是法国大革命的一部分。

乡村城堡遭焚烧的消息让国民议会代表深感不安，他们作为土地所有者的自身利益部分受到威胁，而讨论中的公民财产也面临风险。8月4到5日的夜间会议由布列塔尼俱乐部之前酝酿讨论而来，代表们借助这次会议迅速做出反应，也是为了证明自身的行动力。在一派惊慌失措、自我牺牲和郑重其事的古怪氛围中，两大上层等级的自由派代言人作出为国舍弃的象征性姿态，交出特权并放弃了封建捐税。舍弃仪式末尾的郑重宣言与讲话中的高姿态相辅相成。宣言的第一条"国民议会要彻底废除封建制度"获得了全国上下的大力支持。宣言后面的规定反映了特权和封建税种类之繁多，听起来不那么有感染力和纪念意义。放弃的有鸽舍权和兔圈权、狩猎权、徭役、开除教籍、领主裁判权、卖官鬻爵及省市的所有特权。草案慷慨激昂，但接下来几天制定的实施规定却设下诸多限制，并清晰体现了占有性个人主义农业资本制度的社会利益和结构，规定倾向于有能力参与市场导向型农业经济的人。废除封建制的基本原则决议很快被弱化，因为废除的只是个人特权，而作为领主财产宪法的重要组成，那些实实在在、与土地相关的税收权仍然存在。这些税权被宣布是公民法意义上不可侵犯的财产，必须偿付。

三次交织的革命

新个人自由建立在人权和公民权的基础上，旧法国的特权和等级制度就此告终。受到大恐怖的影响，国民议会在8月一度中断了对人权和公民权的磋商，但在不久后的8月26日完成了这项工作。相关委员会和议会全体最终均就文本达成一致，它同时成为新制度的重要证明。这也是一次成功的尝试，将启蒙运动的抽象原则体现在精确易记的法律条文中。与此同时，19和20世纪欧洲宪法传统的所有重要原则得以发展，其中包括国家主权、个人自由权、权利平等、财产自由权和代议制宪政。这份有一定模糊性的文件成为欧洲自由主义的纲领性文件。它强调保护公民远离独裁，但对无产者、奴隶和女性着墨不多。

1789年8月的两项基本法分别为《废除封建制度法令》以及《人权和公民权宣言法令》，都遭到了国王的抵制。国王事后承认了国民议会，但不愿赋予国民议会就新政权和宪法制度起草法案的权利。粮食危机一直延续到秋季，并在各大城市引发了新的社会动乱，1789年夏的政治胜利再次受到质疑。小人物的社会反抗再一次起到了支持和推动革命的作用。

这一次的主力军是巴黎市场的妇女，她们因不满高昂的面包价格，上街游行并直奔凡尔赛。在那里，她们同国民军先后进入国民议会，并向国王派去了一个代表团。于是国王开始思索改良措施，批准了尚有争议的法令。然而，巴黎市场的妇女们并不满足于此，她们强迫国王全家搬去巴黎。表面上看，妇女返回巴黎的胜利之师又是一个基于古老信仰的象征性行为，人们相信国王有保障日常面包供应的神奇力量。妇女们高喊道："我们有男面包师、女面包师，还有面包学徒！"城市群众控制了王室，国王被迫迁往巴黎，进一步表明了君主制的弱化。国民议会于10月12日迁往巴黎，权力再度得到巩固。但国民议会也承认，自己的成功又一次归功于人民群众的武装干涉。与7月14日爆发的第一次革命相比，第二次城市群众的革命浪潮影响更加深刻。这是因为革命各主体的重要性起了变化。凡尔赛、首都巴黎和乡村三大革命中心的交织状态呈"望远镜式"（傅勒语）特色，三个中心也推动了大革命的进程。现下，制宪会议感受到来自城市群众的压力，其发展伴随着民众的重重疑虑，新的压力层出不穷。10月21日戒严法令颁布，为追究10月5日和6日的犯罪行为成立了特别法庭，这些都表明局势紧张。法律旨在惩治旧制度的拥护者。这同时也可以成为特别司法权产生的契机，以满足民众的惩处要求。

第四章
1789—1791年间法国的重建

人权和公民权宣言确定了国民议会的下一个任务,即作为制宪议会为法国的新秩序制定法律和制度。不到两年时间,议员们殚精竭虑几乎为公共生活的所有领域建立了新的规章制度。议会工作由国民议会的31个委员会负责。报纸上和政治俱乐部内的政治辩论表明,国民议会受到公众的广泛支持。近百位议员在国民议会的演讲台上和委员会中掷地有声,这些人也构成了未来的政治领导集团。1790年全国上下士气高昂,食品供应情况好转功不可没。这是因为1789年和1790年收成好,振奋了民间情绪。

国家和宪法

国民议会出台了强有力的立法规划，它以全民族认同的基本信念为基础，这种认同不计社会和地域出身。从行政部门到军队和教会，在公共生活的各个领域，社团权利和等级制度传统似乎都让位于公民平等、责任感、竞选资格和开诚布公这些新的社会解读及组织模式。如果说旧制度下的行政管理和日常生活有着明显的地区差异，现在选举出来的各级官员则致力于全国机构的趋同。改造的鲜明标志是1790年2月创建的83个省，它们取代了许多结构不一的行省。与之相关，将行政管理单位减少为县、区和省主要是为了让公民接近管理中心，骑马一天内就可以到达自己的行政单位和选举地。地方层面上，在之前教区的基础上设41000个市镇作为自治的基础。创建民族语言旨在把普罗旺斯人和布列塔尼人变成法国人，对自上至下的国家统一大业也是一种推动。因为正如阿贝·格雷瓜尔的研究毫不留情地指出，彼时只有15个省的人真的会说法语。

人权宣言和宪法也有利于国家的一体化。人权承诺得以兑现，如1789年底新教徒、1790年1月波尔多和阿维尼翁地区的犹太人、之后生活在阿尔萨斯的犹太人纷纷被赋予公民权。然而，人们对殖民地有色人种的态度却是游移或排斥。统一度量衡、采用十进制进位已经深入日常生活中。

司法制度也得到统一，司法结构和程序应遵循权利平等和人道主义原则。死罪范围缩小。日后，那些犯下必死之罪的犯人将被推上号称更加人性化的断头台，其发明者为卫生健康委员会主席约瑟夫·吉约丹。出台新规章的要求最终落脚在财政立法和财政管理上。在国家债务问题上，大革命终究免不了要处理君主制的遗产。为了避免彻底破产，教会产业于1789年12月被收归国有。拍卖教会产业给新纸币，即指券，提供了担保。这些举措无疑对教会宗教生活和文化传统造成深刻影响：当教会因此不名一文后，国家必须为牧师提供俸给，牧师由此与国家和宪法关联起来。教士公民组织法使得教会和教士正式承认包括神职人员选举在内的政治变化。该法案成为一场文化斗争的重要冲突点，革命派与教会之间的联盟在这场斗争中瓦解。神职人员被要求宣誓并承受着信仰和忠诚的压力，国家受此影响分裂成两个阵营。

宪法是一切新规定的核心，不久后也成为导致政治纷争的冲突点，它为新法国所需要，是要在制度层面上实践人民主权原则。国王和议会之间的政治分歧，在于如何通过未来的立法机关及与国王的关系来组织政治决策。一院制终究实行，须就国王的否决权与之达成妥协，最终国王的否决权在国民议会两届任期内有效。与行政权有关的其他规定更具影响力；这些规定全面调整了国王的职权。自1789年10月10日起，路易不再是"蒙上帝恩典的法国和纳瓦拉国王路易"，而是"蒙上帝和国家宪法恩典的法国和纳瓦拉国王路易"。国王成为宪法的一个机关，法国不再是他的所有物。若国王犯叛逆罪，或未经国民议会允许擅自离开法国，可废黜其职位。大臣由国王选出，但对国民议会负责。未经大臣副署，国王不可做决定。毫无疑问，宪法精神和条文使得国王的执政能力大打折扣。在政治现实中，国王的地位、权力一步步丧失。

经过漫长而激烈的辩论，制度规定下的政治决策过程将女性和"消极公民"排除了出去。大部分人认为，行使政治参与权的前提是满足特定资格：接受过一定程度的教育并拥有一份稳定的经济收入。人们正是这样来区分"积极公民"和"消极公民"的。总之还有40%的成年男性属"消极公民"，他们缴纳的直接税未达到三天的工资（每年2到3里弗尔）。只有积极公民才能参加选举人的选举,而选举人的纳税额不可少于十天工资(每年7到10里弗尔)。议员纳税不能少于50里弗尔。按照这种财产调查制度,430万公民为积极公民,但选举人只有5万。1789年12月底,有财产限制的选举法以453比443票的微弱优势通过,它也为政治煽动,特别是群众运动的动员提供了素材。这是因为呈现出来的社会制度似乎与大革命的规范性要求背道而驰。《人权宣言》中概念的模糊性得以澄清:资产阶级(*Bourgeoisie*)这一概念很快成为富人阶层的同义词,而公民(*Citoyen*)则指国民。

对革命者看到的新社会而言,重要的法律和社会政治决议影响深远。一方面,世袭贵族于1790年6月遭到废除,此后贵族头衔禁止代代相传。这引发了相关人员,特别是贵族军官的激烈反对。同时,1789年8月的废除封建制度相关法令有待实施。在具体的立法和将法律实施到领地制社会经济现实的过程中,全面改革的隐患——暴露。如果农民相信了法令恳切的开篇,就会很快发现,审查并否定捐税的合法性十分困难。领主单是根据习惯法就可以提出征税的要求。最终1790年5月3日确定,可出钱代替各种封建给付如徭役(*corvées*)、禁令权(*banalités*)及其他附加封建权利,金额对应

20年的义务付出。农民对立法的失望使得农民革命于1790年春进入新阶段。一方面,农民以新法为手段,迫使地主认可自己要求的合法性。另一方面,这一行动往往伴随着违法的抵抗形式,人们拒不支付,再次冲击城堡或围着自由之树自发庆祝,通过这样实质或象征性的方式表达自己的抗议。自由之树成了革命的新象征物:白桦树传统上表示春天里万象更新,如今被解释为社会及政治革新的标志。毁灭与重建的辩证关系是大革命"再生"事业的特征,也决定了暴动农民的象征性举动。这是因为竖立自由之树与拆除教堂塔楼上的风向标及破坏教堂长椅殊途同归,后者是封建等级制的鲜明标记。

另一项决议源于公民个人主义社会的理想,该决议意味着取消结社传统,同时宣布了新的从属形式。公会、行会和协会于1791年3月2日被废除。1791年7月14日,根据议员勒沙普利耶的提案最终宣布禁止工人结社和罢工。虽然学徒和工人在法律上与行业师傅和雇主地位平等,但在社会现实中,他们很容易成为竞争的牺牲品。这是因为对他们而言,有组织的团体自此数十年不复存在,新老形式都不例外。

议会和俱乐部、国王和人民：权力的分配

对大部分议员而言，最终于 1791 年秋颁布的宪法既是一种妥协，也是终结革命的希望。对国王而言，宪法是巩固内政的手段，他想以此结束革命并按自己的意志重建秩序。而制宪议会中的民主派反对人士则对立宪妥协的结果十分不满。他们猛烈抨击君主世袭制、宫廷的继续存在和选举法。由此可预见，由于议会内部矛盾加剧，城市群众运动变得政治化和极端化，宪法难以履行保障国内稳定的使命。

自 1789 年秋天商议宪法以来，国民议会内部形成了多个政治团体，各自代表不同的政治立场。不久，政治俱乐部成立，这也是对立法工作和相关社会政治决议的反应。城市群众革命的积极分子认为有关选举权的决议有失公允并表示不满。同时，他们在社会开放和平等目标上同俱乐部划清界限，尤其是宪法之友俱乐部（*Amis de la Constitution*）。该俱乐部成员聚集在偏远的雅各宾修道院，他们最初试图联络和召集所有的爱国者。全国上下一心的表象背后是政治社会风貌的分化。

尽管人们通常憎恶拉帮结派，认为这危害到个人理想。但在凡尔赛会议期间，国民议会内部的保守派围绕

着阿贝·让·莫里和雅克·德·卡扎莱斯集结在会议厅右侧，他们被称为贵族派。自1789年8月法令颁布以来，可以看出他们是大革命顽固的反对者。爱国人士集结在会议厅左侧，不久后自称为立宪派，以表明自己为制定民主宪法所做的努力。西哀士、米拉博和巴伊是立宪派代表，此外还有巴纳夫、迪波尔和亚历山大·拉梅特，他们作为所谓的三头同盟致力于联合国王。其间有讨论宪法问题时观点独立的一个组织，如赞成以英国君主制为蓝本实行议会两院制。议员马卢埃和穆尼耶就是这样的保王派成员。

尽管国民议会成了政治中心，由国王和大臣组成的政府依旧是形式上的行政机构。议员如拉斐特一再试图对政府部门施加非正式影响力，并提拔他们看中的大臣。因此，历史学家将1789年10月到1790年称为拉斐特之年。拉斐特利用巴黎国民军总司令的身份和美国独立战争以来有关自己的英雄故事，扮演着国民议会和国王的中间人，并以此来掌控国王。

1790年7月14日是国民解放纪念日，法国人在练兵场举行结盟大会，拉斐特第一个在圣坛上向国家宣誓。然而他缺乏政治经验和相应的技巧，没能在政治上利用好自己非同一般的地位。拉斐特试图打压抗议运动以维护军事和公共秩序,这令他失去了群众的支持。其对手米拉博不仅是一名伟大的演说家,也是一位出色的战术家。他很快看出了拉斐特在政治方面的不足,并努力获得了国王的赏识。米拉博尝试做出让步以拯救君主制度,至于他是否在此过程中高估了自己或自己的行动能力,很难讲得清。因为他不久就病倒,并于1791年4月去世。他死后,大革命便缺少一位能够凭借自身凝聚力和个人魅力稳定政治秩序的领导人,也就谈不上通过调整来挽救君主制。但由于国王本人,调整注定会失败,因为他不愿也无法接受议会立宪制度中的国王角色,就算他做出这个姿态,也是敷衍了事并错过了最佳时机。1790年10月,国王最终意识到自己权力尽失,此时已没有可能再维持政治平衡,因为路易十六在内心深处深深反对革命,努力沟通只是做做样子。

新的政宪秩序和政治实践也包括统治者的舆论形成和决策行为。在立法者看来,参与选举既成为一项重要的权利,同时也成为一项长久的义务,但选举的参与情况不尽如人意,与此同时政治俱乐部的作用越发重要。这些政治俱乐部继承了开明团体的传统,接受过教育的人士聚在一起,跨越等级界限讨论改革、交流信息和意见,也为国民议会中的政治辩论做准备并分享心得。"宪政之友社"建立于1790年1月，不久后更名为雅各宾俱乐部。巴黎俱乐部通过频繁的书信往来和报纸，与外省的下属俱乐部联络，并借助该联络网发挥自身的重要作用。伴随着议会党团的形成和革命的极端化，政治俱乐部也经历分裂和重建，显示出不同之处。得益于制宪会议的立法工作，第三等级中形成了政治精英阶层，选举法和雅各宾俱乐部较为高昂的会费无形中制造了社会隔阂；而在方济各会修道院里碰头的科德利埃俱乐部，则入会费低、受众面广，俱乐部还接纳女性。亲民记者如卡米耶·德穆兰、让-保罗·马拉和乔治·丹东在这里找到了自己的舞台，他们充当大众的发言人，毫不掩饰对教会和富人的厌恶。不久后，以科德利埃俱乐部为榜样，巴黎其他城区建立了类似的"人民协会"，它们是民众运动政治化的重要动力。对贵族和国王的不信任以及对人民和大革命所有敌人的怀疑决定了这些协会的政治特质。拉斐特宣布自己和国民军是秩序的缔造者，这个角色定位多次惹恼了人民协会。很快又传出了国王遭绑架或逃亡的谣言。有关革命本质、革命引发的期待和恐惧以及革命界限的争论不断，这使得法国在1790年的"快乐年"（傅勒语）后更加分裂，革命的敌人和朋友、革命的反对者和拥护者水火不容。争议围绕着制宪会议的会议和决议，矛盾也使得各省之间裂痕加深。这种局面下，第三等级内部的革命分子对神职人员和贵族的反感与日俱增。俱乐部内部要求警醒的呼声越来越大，因为一场贵族阴谋近在眼前。政治流亡者在异国他乡呼吁大家奋起反抗，他们的威胁使得局势更加紧张。革命派及反革命派的政治报纸形成一种敌友观和两极分化，这体现在对同一事件截然不同的评价上。

1791年6月20日，国王举家出逃，却在瓦雷纳因一名驿站站长的警觉下遭到了拦阻。消息传来，又生起一波新的极端事件。国王出逃前曾留下一份声明，列举了出逃的原因：政治权力丧失、对政府和军队的影响力减弱、革命报道和激进俱乐部带来的普遍混乱。国民军将国王押送返回，不仅是对君主的折辱，也是王室威信尽扫的关键一步。值得注意的是，国民议会态度坚决，表现出政治上的清醒。即使像马拉这样的激进派政治评论家要求终结君主制并采用共和政体，大多数议员在巴纳夫慷慨陈词后还是决定拥护国王和君主制，其出发点是内政外交因素。最重要的理由是：国家统一需要一个强有力的中央政府。巴纳夫讲道，毕竟人们希望结束革命并不再引发新的革命。再往下走，每一步都会危害到内部秩序和财产。此外，神圣罗马帝国和普鲁士先后借

1791年8月的《皮尔尼茨宣言》发出军事干涉的威胁，也令人担忧。

人们因此首先声称国王被绑架了。宪法通过前，暂时解除国王职务。为了避免进一步激化内部冲突，人们也不想起诉国王。1791年7月14日，还是在练兵场，科德利埃俱乐部成员发动了一场反君主制的抗议活动，可见当时的形势何等危急。另一场集会要求选出新的制宪国民大会，被国民军武力驱散，20多人丧生，内战一触即发。无论如何，国民大会和人民协会之间因此出现了很深的裂痕。第三等级彻底分裂，同样分崩离析的还有雅各宾俱乐部。大部分成员离开了俱乐部，在斐扬修道院另组俱乐部。斐扬俱乐部因集会地点得名，与科德利埃俱乐部差别很大。在罗伯斯庇尔的领导下，少数成员沿用过去的名称，也维持着书信和外省下属俱乐部构成的联络网，这些都是策略上的优势。

因权力关系发生变化，国王也不得不于9月14日签署新宪法。国民议会中占多数的温和派依然认为，新宪法的公布可以稳定政治关系并终结大革命。庆祝第一部成文宪法的盛典应该象征性地强调这一目标，还应建立宗教形式的政治传统。《宪法手册》成为神圣的文本，与人权宣言一同被雕刻在石板上。

宪法颁布前不久，罗马教皇在阿维尼翁的领地于1791年9月被非法并入法国领土，这一不起眼的政治行动预示了外交冲突和教会政策冲突在未来无可避免，民族自治原则第一次成为外交政策的依据。而国家概念在1789到1791年间与宪法思想和人民主权彼此交织，因而有了新的定义和形式，也变得更丰富立体。自此，国家表现为人和人组成的政治团体，人们在同一片疆土上联合起来并声明信仰同一部宪法。不过，阿维尼翁行动也暗示了秩序在建立过程中膨胀的一面。

第五章
1792年的二次革命

议会君主制的失败

新立法议会在极其紧张的政治气氛下选出，1791年10月在巴黎成立。议员计745名，少于之前的议会人数。制宪议会成员被禁止参加竞选，然而新议员们也并非初入政界，而是政治精英，他们在地方选举机构中积累了政治经验。此外，他们无一例外都是大革命的追随者，由此立法议会的政治阵线有所变化。第一届国民大会中保守的右派未出席会议，而斐扬俱乐部占264个席位，是第一大团体并成为各政治派别中的右翼。来自雅各宾俱乐部的"左翼"议员在人数上处于弱势，但其代表人物的鼓吹却更富影响力，如来自吉伦特省的雅克-皮埃尔·布里索、孔多塞、加代和韦尼奥。此外，有一个强大的中间组织存在，它不隶属于任何俱乐部，对外标榜自己的独立。这些新议员无疑更不妥协，前人积累的政治经验和创建的政治制度是他们的行事基础。他们来自受到认可的市民阶层，是选举法的成果，其中许多人是记者、律师和商人。尽管他们中只有少数人拥护共和政体，却与王室没有联系，与政治俱乐部更是没有来往。

与雅各宾俱乐部相比，立法议会在政治上无疑温和些，它实际上也是政治稳定的一大要素。然而议员试图在政治上凸显国民议会对君主制的优势地位，来自议会外部的压力肯定也是一个原因。这在礼仪上也有所反映。1791年10月5日议会颁令，国王和议长不分高低、坐一样的扶手椅。"阁下"和"陛下"一类称呼今后禁用，只用"法国的国王"这种用语。最后，议员可不脱帽坐着听国王讲话。国王在丧失政治权力前已经被褫夺了象征性的特殊地位。每个人都明白，国王被视为单纯的宪法机关并备受质疑。

议会未能稳住局面，议员自身或所谓的政治经验不足并非主要原因，政治环境才是症结所在。一方面，群众运动和人民协会不断向立法议会施加政治压力；另一方面，新的政治冲突如战争，或国王本人，导致运动日益活跃。1791年7月的练兵场惨案和国王出逃事件发生后，在巴黎城市自治机构即巴黎公社（*Commune*）内部，激进分子取得政治话语权。巴黎市长巴伊为温和派人士，他在1791年7月多次因自己的立场遭到攻击，并在1791年末的新选举中落选，继任者是雅各宾派的佩蒂翁。同时，人民协会的代表在地方重要机构中步步高升。只要有民众动乱，巴黎市政府和立法议会的政治矛盾就公开爆发。巴黎公社在此过程中发展为独立的权力机关。巴黎选区（*sections*）的政治极端化加强了这种双重统治的趋势，这些选区在单纯的选举机构基础上扩展了职能，不再只因为选举，而是主动汇集并要求拥有长期召开会议的权利。这是因为在此期间，巴黎各选区制定了一个草根民主纲领，据此显示他们是人民意志的唯一代表。选区会议从各自所在城区获得大力支持，并成为人民团体的重要盟友。在人民团体的帮助下，选区大会掀起一场活跃的政治宣传活动。前制宪议会中的左翼政客，如罗伯斯庇尔也重返政坛，政治俱乐部成为他们的论坛。

战争与革命：
内外政策冲突的加剧

加速革命极端化、导致立法议会失败的第二个因素是内外政策的冲突，这些冲突既是立法议会的前身遗留下来的，也因立法议会变得更为尖锐。早在 1791 年底和谐盛况便已不复存在，而一年前人们还在 7 月 14 日联盟节和国家统一庆典上大肆庆祝。除设立正式司法机构外，立法议会还设立了权力不小的监督委员会（*comité de surveillance*）。自此，告发被列入议事日程，理由是须提高革命警惕性。立法议会与教会和神职人员的冲突造成紧张程度升级，拒绝宣誓效忠的神职人员被迫反抗和遭到放逐；导致国内局势恶化的不仅有教会反抗和流亡带来的内部动荡、流亡者对大革命的威胁，还有外交关系紧张，以及为了与欧洲旧制度势力决一死战所做的准备工作。虽说普鲁士和奥地利并未因大量流亡者的涌入就对革命的法国发动战争，但单凭公开的最后通牒如《皮尔尼茨宣言》便足以挑动革命者内心的战争意愿。以布里索为首的雅各宾派议员不顾启蒙运动的一切和平传统要求开战，乃是因为他们希望借此削弱或摧毁外部的反革命行动,并盼望法国国王落败。他们不仅坚信被解放的民众比专制主义雇佣军的战斗积极性高,而且期待战胜欧洲专制主义可以给革命添砖加瓦。布里索凭借为自由而战的呼吁赢得了立法议会大多数议员的支持,国王表面上也表示赞同,尽管他内心希望革命失败。无论如何,他同意从主战派代表中物色大臣人选。这对议会制度而言似乎是一场政治胜利,即便以这种方式诞生的历届新政府总是因为不断激化的内外危机很快解散。路易十六于1791年12月14日在立法议会上表示同意开战,4月20日向奥地利及其普鲁士盟友宣战。陷入战争,以及之后数年的战争岁月,又一次从根本上改变了革命的特征和内部权力关系。

国王知道军队状态不佳。而一支法国军队的确在1792年4月29日以一场溃败结束首次交战,这支法国军队在比利时境内与奥地利军队相遇。在接下来的几周里,国王的军队纷纷向敌人投降。看到胜利在望,布伦瑞克公爵在盟军司令部发出威胁:如果巴黎市民对身处杜伊勒里宫的国王不利,甚或只是有所折辱,就攻入法国,解救国王并审判巴黎市民。最后通牒于1792年7月25日下达。面对外部威胁,做好内部政治动员显得十分迫切。通牒语气挑衅,在巴黎引发了一系列军事和政治反抗行为，最终导致反君主制起义爆发。

革命和暴力

战争在国内造成了诸多影响。首先，对拒绝宣誓的神职人员而言压力倍增，如果被20名及以上证人告发，他们就会遭到驱逐。虽然国王利用自己的否决权阻止了相应法律生效，但是在澎湃的革命形势下替罪羊总是受欢迎的，革命不易因此有了托词。这种情势下，立法议会可以在全国招募志愿人员，并试图将爱国团体纳入常备军队伍中来稳定阵线。新的革命刺激出现，立法议会还同时动员了各省的积极分子、自己的同盟。为了支援首都和表明政治信仰，这些人在攻占巴士底狱3周年之际向巴黎进发。他们主张共和思想，来自反对国王的法国东部和南部省。7月2日到30日，马赛义勇军在进军巴黎途中高唱《马赛曲》。与军事进程相比，战争，特别是可能的战败造成的内政后果影响更大。因为战争动员了城市群众革命，导致6月20日发生了两场声势浩大的群众游行，游行队伍直逼立法议会和杜伊勒里宫，闯入国王的内宫并给他戴上红色的自由帽。这是一起精心谋划的行动，针对的是亲近布里索的"爱国派"部长遭免职事件，也是当时有组织的民众运动的第一次亮相。民众运动的积极分子以明确反贵族的口吻自称"无套裤汉"——此说法来自贵族偏爱的及膝短套裤，他们断然拒绝这种服饰，"不穿短套裤"。因为同盟来到巴黎，无套裤汉阵营壮大起来。1792年7月11日，立法议会被迫宣布进入军事紧急状态（"祖国深陷危机"），这促使短短几天之内15000多名志愿军紧急入伍。8月初，布伦瑞克公爵下达最后通牒的消息传遍巴黎，这是立法议会被迫行动的另一个诱因。罗伯斯庇尔代表同盟，佩蒂翁代表巴黎公社，并且48个巴黎选区中的47个，多次提出罢黜路易十六，均遭议会驳回。于是激进的革命者采用暴力手段。8月6日起，各区和动荡的郊区开始筹划群众起义，8月9日起义的钟声敲响。选区委员占领市政厅，组建了一支造反委员会（*Commune insurrectionelle*），啤酒商桑泰尔从国民军手中夺走了最高指挥权。8月10日清晨，民兵堵在杜伊勒里宫前，保卫国王的瑞士卫队向造反者开火，致使400人丧生。于是同盟军和选区民众展开报复，杀戮了数百名士兵。此时，胜利的人民起义可以将自己的意愿强加给议会和国王。国王全家躲进了立法议会，立法议会被迫承认造反委员会，宣布罢黜国王并按照普选法重新选举。国王为革命者所控制，政府改组，临时行政委员会接管了行政职能。

国民公会召开及共和国成立前的 40 天里，充斥着内部战争、谋杀和暴力。国王一家被囚禁在圣殿塔。立法议会失去了对革命公社总委员会的掌控。公社总委员会由巴黎选区组成，有 288 名成员，与议会分庭抗礼。这里是罗伯斯庇尔、丹东和马拉的权力舞台，他们的理由是自己代表了真正的精神。由司法部长丹东作为最高领导人的临时行政委员会成立。奥普盟军向岌岌可危的法国进军，加深了他们对内外敌人联手的恐惧，鼓励了反抗言论，但同时也激发了暴力。丹东、罗伯斯庇尔和马拉主张人民司法。丹东呼吁："一切可能危害国家的，都要被驱逐出国家中心。"

这种集体恐惧和憎恨导致巴黎监狱爆发九月大屠杀，约 1130 名囚犯丧生。虽然多数人并非出于政治原因被关押，却还是被国民军和同盟者杀害，这是因为国民报复需要叛徒和反革命者代表，而他们则因此成为牺牲品。

1792 年 9 月的公会选举正是在这一背景下召开的。新当选的议员清一色是大革命的拥护者，他们中将近 100 人是制宪议会成员，189 人为立法议会成员。政治派系图谱再次发生变化。现在有近 150 名布里索的追随者——吉伦特派成员,处于右翼位置;追随罗伯斯庇尔的极端左派议员最初只有 100 名,之后在 1793 年 6 月增至 267 名。他们因为坐在议会厅较高位置很快被称为"山岳派"(Montagnards)。位于山岳派和吉伦特派之间、议会厅中央低处的是平原派(Plaine),也叫沼泽派(Marais)。平原派是中间派别,视情况表决,往往起到一锤定音的作用。在社会成分上,议员们并无差别,基本都是中上层资产者。各派议员特别是山岳派和吉伦特派之间的争论愈演愈烈,诱导因素并非社会经济因素,而是政治背景。对大革命的解读截然不同,面对极端群众运动采取的政治策略和实践也差异不小,这是争论的根源。

1792 年 9 月 21 日新召开的国民公会第一个举动便是废除君主政体,宣布成立共和国。这就是二次革命,其爆发原因在于 1789 年革命存在失控的动力,政治社会重建操之过急,以及经济危机同步出现。试图终结大革命的努力失败了,造成了这个后果。革命需要这场战争,目的是稳定革命,结果却加剧了内部分化。战争进程和大革命自此密不可分。

第六章
1793年的革命震荡

9月25日成立的"不可分割的统一共和国"尚未站稳脚跟,国民公会内部吉伦特派(该革命党派的领导者来自吉伦特省)和山岳派间的政治冲突及权力斗争公开化。法军瓦尔密大捷的消息也无法重建和谐局面。国民公会将制定一部新宪法视为自己的实际主要任务,但这难以促成政治调和,反而反映了议会内部的政治原则冲突。

共和国的宪法

宪法委员会中吉伦特派的拥护者一开始占多数,包括启蒙思想家、国民议会曾经的主席孔多塞。宪法委员会的宪法草案体现了严格的分权制度,还规定了部长的独立性、选举和机构的多样性,目的是反过来监督法院和部长。随着协商的开始,各政治派别对人民主权和人民角色的理解出现分歧:科德利埃俱乐部和山岳派主张纯粹的民主原则和人民直接行使主权,拒绝一切中间机构;吉伦特派则赞成由代议制体现的主权。山岳派指责宪法草案偏向行政机构,过于削弱立法议会的权力,强化了省的作用。他们担心城市区域的影响力受限,还担心行政措施会让温和的大乡镇和农村活跃起来。罗伯斯庇尔念念不忘救济权和劳动权,并记挂着采用累进税以及对财产权予以社会限制的规定。此外,序言中应引入共同幸福(*bonheur commun*)这一目标和天赋人权理念。基本权利宣言和1793年5月的宪法切实强调了肩负社会责任的人权,国民议会的权力受到约束。增加选举轮次一看就是激进民主行为,但山岳派依然表示反对,他们担心比人民群众更热衷投票的资产阶层因此势力大增。围绕这一点的争执表明形势发展决定着辩论走向。吉伦特派的计划是首先打破巴黎的绝对优势,在法国的中心和周边之间制造平衡;而雅各宾派则完全依靠首都群众的影响力。吉伦特派被逐出国民公会后,随着6月

24日宪法的通过，情势有所变化。立法议会的优先地位再次确立，部长和省的权力变小。由于惧怕联邦制度的危害，即立法议会、部长和省之间严格划分职权，公民公会加强了中央机构如国民议会的权力。

争论咄咄逼人有如内战，因此对宪法的协商举步维艰，各方都表现出兴趣不大。这段时间为临时统治，起初负责的是部长和委员会，自1793年10月起有了所谓的"革命政府"。1793年秋以来，国民公会多数代表支持的临时专政是革命的法国内忧外患和政治权力斗争的结果。

共和国甫一成立，对九月大屠杀的评论就可谓众说纷纭：依据1793年9月17日的《嫌疑犯法令》，吉伦特派在以马拉、罗伯斯庇尔和丹东为代表的"嗜血者"身上看到了暴行的罪魁祸首，吉伦特派要求给他们定罪，因为数千人沦为暴行的受害者。而山岳派否认对自己的指责，罗伯斯庇尔更是指出洋溢着"激情和复仇力量"（傅勒语）的二次革命是不可缺少的支持，非如此资产阶级革命就会夭折，他为谋杀行为做出辩解："你们想要一场没有革命的革命吗？可曾有任何一个民族能以这样的代价挣脱暴君的枷锁？"如果说之后几个月有关革命的讨论持续发酵，即质问谁代表真正的革命、谁背叛了革命，以及暴力在革命目标的达成中有何作用，那么藏匿于这些原则问题背后的是严重的政治冲突，尤其是权力问题。两个阵营都不愿意正视政见分歧。而攻击对方"无政府主义"和"独裁"或反之指责对方"背叛"革命的两个对立阵营都来自雅各宾派政治俱乐部，这使得问题更加棘手。

对国王的审判

接下来几个月发生的政治事件彼此交织。要厘清头绪，就得按照几条冲突主线排列事件。第一次大的根本冲突对革命的命运同样至关重要，它的爆发伴随着以下问题，即国王 1792 年 9 月 21 日最终被罢黜后经历了什么。人们于 11 月 20 日在杜伊勒里宫发现了一个秘密柜子，并从中得知路易十六与流亡者和敌对势力往来活跃，并与米拉博等人有着秘密联系，好战的政论家和巴黎各区议会要求处死"叛国犯路易·卡佩"的呼声越来越大。雅克·鲁——"红衣神父"和科德利埃俱乐部成员此时成为激进势力的发言人，他呼吁审判"末世路易"。他为革命的权利摇旗呐喊道："是时候合法地浇洒国王的不洁之血以巩固人民的自由。"国民公会依然坚持专制权，以国家的名义独断专行，却不得不起诉国王，并宣称由自己履行法院的职能。如此，激进势力在议会内外抬头。吉伦特派想保护国王，他们认为8月10日后的罢黜已经是足够的惩罚，但他们的法律、人道和外交主张无法付诸实践。在集体恐惧和群情激昂的氛围中，温和的观点难有立足之地。在罗伯斯庇尔看来，对路易的审判是"造福公众的措施"和"天意难违"。他认为对遭罢黜的国王持何种态度体现了赞成或反对革命。为此，他于1792年12月3日在国民公会举行的政治审判中向议员高呼："您的决定并非针对某个人。……路易当死，因为祖国必生。"吉伦特派因为反对此说法而被雅各宾俱乐部开除。山岳派和国民公会中的多数代表屈从于示威游行带来的压力。两次公审国王的仪式彻底剥夺了国王的合法地位。三年前，第三等级庄严入场后得站着听国王讲话，如今路易十六被法庭主席喝令："路易，坐下。"与此相呼应，国民公会在1793年1月15至17日的四次唱名投票中判决路易"密谋破坏自由"，718名议员中有673名投了赞成票。对路易十六的判决无须再经人民表决批准。721名议员中有387名赞成死刑，334名反对。判决应立即执行（361张赞成票，360张反对票）。1月19日就立刻行刑进行了另一次投票表决，383票反对缓刑，310票支持缓刑。

两天后，即1793年1月21日，在从前的"路易十五广场"执行公开处决，当时这里改称"革命广场"，两年后以"协和广场"为名（并沿用至今）。关于此次处决的新闻图片大多展现的是断头台，一旁是1792年8月被推倒的路易十五骑像基座。这场"公开复仇"给推翻纪念像带来的"除忆诅咒"（*damnatio memoriae*）（罗伯斯庇尔语）画上句号。被处决的是国王的"两个躯壳"，路易的肉身和富有政治神秘性的神圣王权。这种把国王与神圣职权等同起来的假想是专制主义直到最后还在坚持的传统象征形式，这也正是此次处决要打破的。断头台被宣告为是赎罪和实施人民正义的工具。同时，断头台也成为政治工具，它不久后便被群众运动抬高为"平等的镰刀"，被自由派和大革命的反对者渲染为大革命可怕的象征物。处决国王的决议以人民的名义通过，人民作为沉默的看客评判了"山岳派理论和言辞的求真"。人民用沉默证明，自己凭借"庄严的静默"自然而然地成为主宰者（阿拉斯语）。

随着国王被处决，革命很长一段时间内切断了与旧制度及其拥护者的政治联系。对革命的狂热也随着这一事件消减，境外也不例外。新一波流亡开始，流亡者和难民中也有外国外交官和观察员。

内外战争

第二个冲突领域是战争。国王死后,外交顾虑不复存在。国民公会于 2 月 1 日向英国和荷兰宣战。在一片主战情绪中,国民公会自认为能够借助数百万志愿军的无穷力量打响自由之战,并希望利用战争弥合共和国内部的分裂。此外,共和国建立之初几个月频频取得军事胜利。法军向尼斯和萨伏伊挺进,从阿尔萨斯出发并于 1792 年 10 月占领了特里尔、施佩耶尔、沃尔姆斯和美因茨;11 月,法军从那儿进入比利时并向奥地利军队发起攻击,之后在 1793 年 3 月遭遇了一场毁灭性的失败。

当然,解放被压迫人民的想法很快为吞并领土和扩张国家的诱惑所压制和排挤。1792 年 11 月 19 日,国民公会为所有希望重获自由的人民提供保护和友好帮助,包括美因茨共和国、列日市及整个比利时。未澄清的是,这些国家是应作为独立的共和国还是附属国来学习并借用大革命的成果。无论如何,民族解放政策的矛盾之处可见一斑,法国国内有关"自然边界"的想法再度抬头。丹东宣布法国的边界由大海、莱茵河和阿尔卑斯山所划定，这与路易十六的征服政策如出一辙，只不过利用了其他方式，即民族解放的巧妙辞令。正如过去反对太阳王一样，英国带头组成了一个反对革命法国的大联盟，该联盟很快就对法国造成了巨大的军事和政治威胁。

征募法要求征募的 30 万名志愿军按各省人口数分配，但这却对内政产生了意想不到的危害，它将国民公会的第二个问题即战争问题扩大到内战上。此次征募还不是实施普遍兵役制，依然造成了不小的分歧和争论，这是因为志愿者数量不足，部分地区的人们感觉受到差别对待。这导致在旺代省内反抗很常见。为何反对革命的信号偏偏来自法国这一西部地区，引起了广泛的学术讨论。当然，原因并不是长期以来人们认为的丘陵地区居民爱思考又固执，政治上的原因才是主导因素。实际上，该地区在 1789 年春的陈情书中就支持革命，并在刚开始对革命完全持欢迎态度。但革命很快就在该省造成了不满。新国家征收的赋税较以前更重。另一件惹人恼火的事情是，地方上的资产者单方面攫取了权力，他们把控着新的职位和地方议会，1791 年还凭借比例过半获得大部分教会财产。此外，纺织业的崩溃和经济困难同时出现。神职人员强烈反对废除教会什一税，断然拒绝向宪法以及城市规定的新教会宪法宣誓效忠。这令他们成为起义的代言人，农民拒绝缴税，拒绝志愿参军，人们认为对路易的处决是起义的原因。3月起义爆发，口号为："没有民兵！"拒绝宣誓的神职人员在农村仍享有较高威望，人们要求让他们复职。在他们的领导下，起义的矛头对准了革命。

很快，贵族加入并领导了起义军，他们提出了忠于王室的要求。起义军自称"基督和国王大军"。前四周，500多人在起义中丧生。当国民公会派遣军队和革命委员进入旺代省后，袭击国民军、处决立宪派神职人员及村镇机关办事人员的规模越来越大，导致暴力与反暴力行为轮番上演，不断升级。最终，内战造成双方牺牲人数超过20万。不过由于种种原因，将内战杀戮视为灭绝种族是错误的，20世纪80年代法国大革命二百周年前夕一场激烈的政治辩论中就曾出现此种观点。

1793年3月起，起义席卷了法国全境。除了旺代省，布列塔尼和南部地区先后站出来。1793年夏联邦主义暴动爆发，许多地区的传统和应对巴黎革命挑战的经验为暴动提供了支持。暴动尤其在南部和西部大城市，波尔多、里昂、图卢兹、马赛和诺曼底的卡昂影响力大。城市资产者对革命极端化发展的愤怒和抗拒是核心动因。地方雅各宾派和群众运动积极分子是地区暴动的主要打击对象。吉伦特派和山岳派在外省再次不时发生权力斗争,这也决定了首都的发展情势。国民公会及其军队最初在政治和军事上受到旺代省的牵制,暴动因此成为可能。当山岳派在巴黎的权力斗争中也占据上风且革命政府强硬干涉时,结局当见分晓。

争夺权势:
吉伦特派、山岳派和无套裤汉

第三个问题涉及社会危机和对城市群众运动的动员,与内外战争息息相关。吉伦特派在国民公会中仍占多数,获得议会中间派的支持。但随着经济和社会形势,特别是城市居民境况的恶化,加上比利时的军事事件和1793年3月总司令迪穆里埃的叛变,吉伦特派内政衰败,最终推出令人绝望的对峙政策。这一切在民众看来全都是吉伦特派和有钱人的背叛和阴谋。在三个好年份之后,1793年春天面包价格再次疯涨,而当时用于支付的指券损失了一半的票面价值,指券的贬值引发了严重的货币问题,继而失业人口增加。

社会反抗机制在小人物身上再次一触即发,该机制也推动了1789年的城市群众革命。在主张战争的记者的煽动下，涨价危机带来的惯常要求早就变成了政治问题。人们利用传单呼吁打击囤积居奇者，要求限定最高粮价和实施指券强制汇率的呼声很高。马拉甚至认为哄抬物价透露出仇视革命和背叛公众利益的迹象。

罗伯斯庇尔早在2月便寻求与巴黎选区的合作。鉴于议会外部激进的运动，他废除议会政治特权的意愿并非只是慷慨激昂之辞，至少当时是如此。此举的战略意图一目了然：借助群众运动推翻吉伦特派的主导地位。他宣称反对代议制宪法的所有规定："一旦人民凝聚，政治代理，即国民公会的全权将不复存在。"

2月底，冲击面包店事件频频发生，面包师被迫低价出售面包。吉伦特派从中看到的不只是物价飞涨招致动乱这一老套模式，还进一步抨击这是对个人财产权的攻击，而教唆者则是革命派市政部门的煽动人士。吉伦特派对"人民之友"马拉的愤怒批评引发了巴黎激进选区的新运动。4月15日，35个巴黎选区上交了一份列有吉伦特派领导人姓名的流亡者名单。最终，约一万名赤手空拳的市民气势汹汹地闯入国民公会，要求监督粮食价格并放弃吉伦特派的自由贸易政策。国民公会最终于5月4日不顾吉伦特派的反对做出让步，这也是为了压制社会骚乱。而无套裤汉的非常政治时期还是开始了。吉伦特派没有认识到社会问题的政治重要性，当他们再次分发传单——可谓火上浇油——并警告要提防一场"有产者与无产者之间的战争"时，这场超越旺代省和联邦主义暴动的内战便不可避免了。正如革命史编纂学大家阿尔贝·马蒂耶阐述的那样，"第三次革命"到来了，它导致了吉伦特派倒台和一些领导成员被无情地处死。

无套裤汉究竟是什么人？一位主战派记者于1793年4月给出的自我定义点出了本质：城市中靠劳动生存的小人物，既有社会浪漫情怀和怀旧的一面，也有暴力倾向。"无套裤汉是谁，你们这些披着绅士外衣的恶棍？他始终靠双脚行走，没有你们魂牵梦绕的万贯家财……他和妻子、孩子住在五楼或六楼，生活困顿。他是有用的人，因为会耕地、打铁、锯木、盖屋顶和做鞋子，为共和国的利益流尽最后一滴血。"无套裤汉只是手工业者、小商贩和学徒阶层中投身政治的一拨人，有些人是小业主或梦想获得财产。作为外在识别标记，他们穿着简朴的工作服，有意与贵族的短套裤（*culotte*）和丝质长筒袜拉开距离。此外，积极分子利用雅各宾派革命的象征物来证明自己的决心和归属：红色的自由帽，传达爱国主义的三色帽章,象征着公民善战和不惜动用暴力的长矛。他们当然不是社会主义和无产阶级的先驱,也没有明确的政治目标。替他们表述目标的是知识分子发言人,也自称是人民之友。人民之友的反抗鼓动主要针对憎恶体力劳动的宫廷、贵族、富人和有资产者。其社会理想是道德经济下的平均幸福(*heureuse médiocrité*),谁都不应该拥有得过多或过少。他们在选区和人民协会碰头,自认为是人民主权的顶梁柱。

城区小酒馆中、民间宴会和庆典上的邻里交往是文化实践,也是团结这一目标的象征性交际基础。独立小生产者这种平等和怀旧的理想因社会经济变革和危机展现出革命潜力,也成为抗议和直接行动的指导方针。

激进的政治俱乐部和知识分子标榜自己是人民意志的"真实演绎者"(赖夏特语),他们在无套裤汉和巴黎选区周边活动并竭力鼓吹其思想。忿激派(*Enragés*,一个非常激进的社会革命团体)领导人是雅克·鲁、让·瓦尔莱和女演员克莱尔·拉孔布;另外还有埃贝尔领导的埃贝尔派,埃贝尔出版了激进的大众政治报《杜薛斯涅神父报》(*Père Duchesne*),该报模仿大众语言,风格较为粗俗。

1793年夏初,各种危机和冲突交织汇聚,暴力事件频发。所有的稳定尝试都失败了：吉伦特派领导起草的共和国新宪法先是被议会左派驳回，后在罗伯斯庇尔的干预下明显加强了社会权利并最终获得通过，但新宪法在日常斗争中只是作为新选举的工具存在。但这一点亦未能实现，因为吉伦特派和山岳派之间的权力斗争结果在宪法生效前已见分晓，并且为追究一切"有害共和国自由、平等、统一和完整的行为"，通过以下举措奠定了恐怖统治（*Terreur*）的制度基础：3月10日成立特别法庭，俱乐部和巴黎选区内建立监督委员会和革命委员会（3月21日），以及国民公会4月6日成立了监督国家行政机关的救国委员会（*Comité de salut public*）。内外政治危机造成了对政治决策的制度监督名存实亡。迪穆里埃投靠奥地利的消息4月4日被公开后，危机引发了公众反响特别是政治反应，矛头直指吉伦特派。

吉伦特派和山岳派间的决战就此打响。在这场兄弟反目的斗争中，无套裤汉是关键诱因和参与者。为了再次巩固权力，吉伦特派建立了十二人委员会，负责调查巴黎市政当局，该机构与国民公会针锋相对。委员会于5月24日逮捕了雅克·埃贝尔，选区起义爆发。从30日夜至31日，巴黎选区代表在忿激派成员兼群众运动代言人瓦尔莱的领导下成立了一个秘密委员会，受巴黎公社领导并负责协调人民起义。尽管山岳派试图安抚，1793年5月31日还是有6万名左右武装起来的无套裤汉包围了国民公会，并要求逮捕22名吉伦特派代表。该要求一开始遭到拒绝，于是行动继续并依然由选区革命中央委员会领导，但执行行动的是8万名配备了重炮的国民军。指挥官是来自圣安托万郊区街的啤酒富商和人民领袖桑泰尔，他自8月10日起获得国民军的指挥权。在大炮的威胁下，国民公会将应交付的29名吉伦特派人士和2名他们的部长关了起来。没能逃脱的后来被革命法庭宣判死刑并于1793年10月31日在革命广场被处决。这不仅令吉伦特派倒台，对于年轻的、向街头游行压力低头的代议制而言，也是沉重的打击。与1792年8月10日的起义相比，群众运动的目标也有所转变。正如主战派头目所言，也是政治精英在权力斗争中所秉持的，目标不再是修宪，而是通过议会外部的运动对议会进行政治清洗。吉伦特派领导人韦尼奥在这场有关革命解读和政治策略的权力斗争中成为牺牲品，他预测到了这一点。"革命像土星一样吞噬自己的孩子。"这句预言为后来的革命所证实，还同时预示了这犹如火山喷发的政治进程动力十足。对于那些可以说在领导权之争中组建了步兵的巴黎选区成员而言，他们有个基本动机显然始终未变，那就是暴力复仇。发生变化的只有应被消灭的"人民公敌"的名字和来历。

在首都政治生活中暴力肃清吉伦特派的直接后果是，全国兴起了针对巴黎的联邦反向运动。三分之二的省站到革命首都的对立面，集结军队攻进巴黎。一些从巴黎禁闭中逃脱的吉伦特派成员领导了这场联邦反向运动。此前已然爆发的内战愈演愈烈。这些事件交织，将1793年夏的共和国逼入绝境。1793年6月无疑是一个至关重要的时间。比利时境内和莱茵河前线战事失利：美因茨于7月23日向普鲁士投降，瓦朗谢纳在7月28日向奥地利投降。撒丁岛的部队进入萨伏伊，西班牙的军队翻越比利牛斯山继续向前。7月14日的前一天晚上，马拉被25岁的夏洛特·科尔代刺杀。三天后，激进的革命分子沙利耶在里昂被起义的公民处决，保王党人于8月27日将土伦市交给英国人。革命实际的领导机构——以丹东为核心的救国委员会——起初反应迟疑；而现下完全由山岳派掌控的国民公会和无套裤汉运动之间的裂痕也加深，虽说吉伦特派已被肃清，或者这正是原因所在。7月10日，丹东被救国委员会免职并暂时退出政坛。

7月27日，雅各宾派所掌控的救国委员会在罗伯斯庇尔的领导下进行选举，选举目标明确，要通过采用法律和控制手段来摆脱危急状况。为保卫共和国，国民公会总体上赞成这种严厉的手段。监察委员会、预防性拘留和对市民自由的管控应维持不变，等到局势稳定后再推行1793年6月的宪法。然而，这部在全民投票中以近200万赞成票通过的宪法在1793年8月10日推翻君主制一周年的"统一庆典"上举国皆知，却将在1793年10月10日被搁置,事实上这部宪法从未生效过。

第七章
大恐怖：革命防御还是意识形态的统治？

随着罗伯斯庇尔进入救国委员会，"恐怖统治"开始了，官方用法语恐怖（*Terreur*）一词命名，为的是突出日益成体系的制度特征，也是强调各项措施与国民公会的多数意见相关。因为恐怖统治从来都不是不受约束的独裁，制度支撑一直存在，它是"议会授权的独裁"（格尼费语）。国民公会显然一再屈从于救国委员会的意志并最终自动延长了其管辖权，但在制度上还是存在着改变议会多数派及其各自表决的可能性。革命政府的存在并不只是取决于军事紧急状态，包括内外战争的进程，也取决于国民公会的恐惧和政治信念，即恐怖统治必不可少。革命政府越发拥有集中和专制的权力也不是计划的产物,而是危机状况和权力斗争发展的结果。

各项宪法准则的弱化和搁置工作一步步推进,这一切早在1792年8月10日之后就已经开始。宪法秩序中的政治真空越大,立法行为不受约束的可能性就越大,而普遍存在的紧急状况说明了立法的必要性。

雅各宾派和无套裤汉

发展的转折点是1793年7月底到8月,1793年9月和10月,恐怖统治的巩固和合法化进程加快。从其独特的立法和制度化角度来看,帕特里斯·格尼费划分出三个阶段并将每个阶段与特别法关联起来。第一阶段始于1793年3月9日革命法庭的建立,1793年9月17日的《嫌疑犯法令》开启了第二阶段,第三阶段开始的标志是1794年6月10日的牧月法令(六月法令)。1794年7月27日罗伯斯庇尔倒台,第三阶段结束,这是最短却最血腥的阶段。用政治效应来衡量,恐怖统治的发展在1793年7月至8月达到巅峰。

国民公会自觉四面楚歌,于是用铁腕手段和坚决的共和主义团结来应对。只有竭尽全力、加大革命压力并迎合那些提供所需援助的人,才能挽救革命。国民公会发布了全国总动员（战时动员），并规定所有法国男性公民都有服兵役的义务。同时号召为祖国服兵役并实施战时管制经济：男性应为制造军备工作，手工作坊通过国家订单融入军备计划，女性应缝制帐篷和制服。农业改革明确关照了小农利益，其完成给由于国内外战争造成的负担提供了一定的物质及社会刺激和补偿。6月3日颁布法令并据此出售逃亡者的地产，支付期限可放宽。6月10日公有地被分配给农民个人，7月17日领主享有的依附于土地的所有现存物权被废除，且没有赔偿。如此稳定农村局势是为了革命考虑，也是给在前线流血牺牲的士兵许以回报。我们不太了解这一举措在当时到底起了多大作用，但知道它对法国农业经济的长期影响：小农经济在整整一个世纪里都是法国农业经济形态，虽然落后却持续而稳定。人们也向城市群众运动妥协，于7月26日宣布要对囤积居奇的商人施以死刑，并下令在各省设公共粮仓和面包房。

日常供应越发严重，城市面包房前大排长队，社会激进呼声因此愈来愈大，群众对目前已采取的措施不满意。巴黎各选区如今经常开会，要求针对那些被解除行政和军事职务的前贵族出台严格的法律。从蚁民（menu peuple）的平等主义社会理想中发展出限制财产和租佃土地的要求。为了强调自己的要求，2000多名手工业者于9月3日再次向巴黎市政厅前的广场进发，目的是发动一场从这里开始的群众游行。事态到9月5日继续发展，无套裤汉得到市政和雅各宾俱乐部成员的支持，按照6月2日的模式策划了一个战斗日并包围了国民公会。数百名示威游行者和选区代表一起进入议会厅，明确要求实施直接民主并打击人民公敌，即所有投机商和高利贷者来保障补给。对公社发言人肖梅特而言，"人民"出现在议会厅也证明了人民主权。他将到场的无套裤汉比作大力神赫拉克勒斯，强调无套裤汉的力量和战斗意愿。"赫拉克勒斯准备好了，将棍子放入他强有力的双手中，很快……人民便不会再忍饥挨饿。"至于棍子长什么样，从聚集一堂的巴黎各选区提交的其他请愿书中可见一斑：要求采取"紧急状态措施"（赖夏特语），并处死吉伦特派成员。"将恐怖提上日程"是协调一切要求的口号，游行示威者认为这是解决危机的办法。

在国民公会的大多数议员保持沉默之际，罗伯斯庇尔表现得愿意让步以及对人民友好。当然，他回避了恐怖一词，但救国委员会立刻开始制定相应的法令。国民公会直接通过决议，以此为恐怖统治披上了合法的外衣。一支包括6000名步兵的革命军队由无套裤汉组成，他们的任务是为首都征收足够的谷物和面粉，并打击重利盘剥者和投机商。参加选区会议的穷人能获得 40 苏日薪。之后几日，新法令使得对无套裤汉的退让一再发生并不断扩大。特别是在 9 月 29 日对重要消费品的价格和工资普遍设定了上限。在无套裤汉看来，经济领域的紧急独裁也应包含政治控制。国民军的部队受命追捕拒服兵役者和叛逃者。国民公会派出特派（*en mission*）委员，目的是整顿并强制执行部队纪律。特别监视委员会借助法律来调查和逮捕"嫌疑犯"，意味着一种特殊的政治刑事审判，它含糊不清，为独裁和告密大开方便之门。例如，在鲁昂被捕的 1158 名嫌疑犯中，29% 为贵族，19% 为教士，7.5% 为前任官员，他们受迫害的原因是自己的社会地位。18.7% 的被捕者为有产者，27% 来自手工业者阶层，他们出于政治原因被捕，因反革命言论和行为受到关注或被指认为小商人囤积商品和哄抬物价。39.4% 的"嫌疑犯"为女性，她们当中大部分人来自贵族或宗教界。

恐怖统治的合法化

救国委员会无疑也支持恐怖统治的合法化，以"防止1792年9月盛行的非法私刑再度爆发"（赖夏特语）。但这同时提供了一种手段，使得在政治派系斗争中有办法排挤自己讨厌的对手抑或鼓动者。首当其冲的是雅克·鲁，他于9月5日被捕；两周后流亡者也受到了冲击。

国民公会于1793年10月10日颁布系列法令，恐怖制度化和对群众运动激进派代言人的打压得以继续。圣茹斯特认为组建革命政府势在必行，国内外战争严重威胁到大革命，这要求把人民的敌人从政治决策中排除出去。"任何站在人民对立面的人都不再是统治者，而任何不再是统治者的人就是敌人。"

1793年10月10日法令最终把恐怖统治变成统治原则，该法令宣布"临时政府一直保持革命状态，直到和平来临"。这表示1793年6月的新宪法在那之前暂不实施，而革命的终结没有恐怖统治被认为是不切实际的。在实践上，这项法令意味着罗伯斯庇尔个人统治的建立。12月4日关于"革命政府"的另一项法令生效后，统治集权最终完成。一方面，负责惩治"嫌疑犯"的公安委员会始终听命于救国委员会；另一方面，罗伯斯庇尔领导着部长、军队和增设的革命法庭。一些委员在地区的作用令人想起专制的行政长官，救国委员会通过这些委员也控制着各省。国民公会每个月委任12名委员成员的做法被取消，这进一步提高了革命政府的独立性。

革命独裁的制度化完成后，罗伯斯庇尔于1793年底开始赋予其合法性。他在1793年12月25日的演讲中提出了革命政府这一理论，该理论提到革命独裁的合理性在于其使命是"把国家所有的道德和物质力量引导到革命独裁所谋求的目标上"。革命的目标是建立共和国、保护所有"好公民"和消灭"人民的敌人"。因此，革命是"打击敌人的自由之战"。只有当这场战争圆满结束，宪法时期才能开启，即"让胜利与和平的自由来治理国家"。革命政府之所以对"暴政实施自由专政"，是着眼于人民的意志和公众的利益。1794年2月，罗伯斯庇尔借用启蒙主义理性信仰和美德观念丰富了独裁理论。美德于他而言是"民主政府的基本原则"，也是共和国的基本原则。美德无异于"对祖国及其法令的爱"，并包含了政治平等原则。为了战胜人民的敌人，革命时期需要特殊手段，即恐怖统治，这与追求自由和美德十分类似。美德和恐怖是同一枚硬币的正反面。"恐怖统治与直接、严格和坚定的公正并无两样，它是美德的产物。"

显而易见，用美德和幸福为专政正名很有必要，因为最初提出的革命专政理由到1793年12月底已不复存在。内部敌人早已被打败：发动叛乱的城市里昂和土伦被收复，革命委员通过大屠杀和投河处决对这些城市实施了可怕的惩罚。旺代省的叛乱者有着相同的境遇。他们在 10 至 12 月间被剿灭后，获胜的将军宣布了残酷的执行过程："旺代省灭亡了。"而对外，革命军在翁斯科特和瓦蒂尼也取得了决定性胜利。

恐怖统治针对的是国民公会内的政治对手和有竞争关系的政治派系。因此，其意识形态的合理性不断遭到质疑。如果说这种合理性的基础是设想人民具备理性与美德，而人民的自由需要解释和保障，那么革命政府越是针对群众运动并谴责政治对手威胁到革命的团结，就越容易失去公信力。革命政府对共和国敌人的暴力攻击与日俱增，这使得革命的追随者和反对者不再泾渭分明。1793 年 10 月起，革命政府大力削弱巴黎选区的权力。忿激派人员在 9 月初被逮捕，不久后救国委员会的权力意志便将矛头对准群众运动的其他代表。1792 年 8 月 10 日之后组建的妇女俱乐部是普遍解放运动的微薄成果，也于 10 月 30 日被查封。接着雅克·鲁的追随者于 11 月 28 日在格拉维利尔区被捕，革命军最终在 1793 年 11 至 12 月间解散。随后，罗伯斯庇尔全力追捕科德利埃派中的"极端革命"代言人，最终盯上了埃贝尔及其追随者，并于1794年3月实施了逮捕。罗伯斯庇尔对权力的欲望在此期间转为针对国民公会中的另一派政治阵营，该阵营的核心人物是卡米耶·德穆兰和丹东，这些人反对过分抬高恐怖统治，因此被称为"宽容派"(*Citras* 或 *Indulgents*)。他们在1793年12月底致力于遏制"血腥政府"和释放嫌疑犯，因此被救国委员会视作祸害和革命的敌人，遭到大肆攻击和逮捕，而当时的情况是里昂的联邦主义暴动已被血腥镇压，吉伦特派也被送上了断头台，军事局势有所缓和。罗伯斯庇尔指责他们是乔装打扮的吉伦特派。他们也成为权力斗争的牺牲品，在1794年4月5日被处死。无论他们作为革命者是极端的还是宽容的，他们面临的共同指责是对救国委员会的批评危害了革命。就算科德利埃俱乐部成员绝望地指出自己的俱乐部自一开始就旗帜鲜明地支持革命，也无济于事。打着公众利益的旗号，一个无可阻挡的进程就此开始。

1794年春，在埃贝尔派和丹东派被清除后，不和的难题似乎解决了，排除异己好像也结束了。凭借着各委员会，国民公会的统治看起来稳若磐石。但新委员仍被派入外省，接着是新的特派委员前往监督将军。猜忌依旧存在，国民公会继续施压。物资供应始终不足，为平息不满，革命政府于1794年2月一次性为穷人提供一千万里弗尔，并借助风月法令分配嫌疑犯的财物。这些措施也只是政治策略，并不意味着提前推行追求平等和仇视个人财产的社会政策，因为同时期城市群众内部的"无政府"运动不断受到猜疑。

1794年春，革命政府对基层群众的猜疑越来越大，革命政府与巴黎选区及更多国民公会成员之间的隔膜也越来越深。背叛论和阴谋论的升级和再度活跃导致1794年5月20日和23日两名救国委员会成员遇刺，他们分别是科莱·德布瓦和罗伯斯庇尔。罗伯斯庇尔于是在牧月22日（1794年6月10日）提交了牧月法令，这意味着大恐怖和加强迫害开始了，程序简化了，也更加专断。恐怖最终成为一种统治制度，镇压一切反对活动成为唯一的目的。一系列法令最终明确了恐怖和大革命的身份，革命政府能单方面决定谁是大革命的敌人。法令成为系统消灭对手的工具。其实际和直接后果是造成了救国委员会和公安委员会的分裂，并让议员心怀恐惧，因为他们面临被宣判为大革命敌人的危险。救国委员会内部也产生了严重的意见分歧。卡诺和圣茹斯特因军事战略争执不下；科莱·德布瓦和比约-瓦雷纳对罗伯斯庇尔的独裁专权愤怒不已。最高主宰节也是一个冲突点，罗伯斯庇尔根据自己的一份报告下令于1794年6月举行最高主宰节，他在报告里讲到了公开庆典的组织方式。其目的在于：公开庆典虽然有政治灌输之嫌，但不应废弃，只需加以控制。因为正是在激进的群众运动中，庆典活动上存在反宗教干预的弊端，在"坚定不移者"看来，这造成了混乱并威胁到民族统一。通过集体发誓崇拜最高主宰来团结所有爱国人士，最高主宰节就这样肩负起全方位的作用。庆典由雅克-路易·大卫策划，他早就是呈现大革命的国家级导演。罗伯斯庇尔利用这个机会，穿着淡蓝色大衣并手持鲜花率领游行。借此，他也在象征性交际领域说明了自己为革命政府理论鞠躬尽瘁。革命就是在向营私舞弊和自私自利宣战，是理性与美德的体现。然而庆典的举行缺乏自发性，圣茹斯特不无忧虑地表示革命停滞了。即使在"雅各宾统治"期间能看到文化政治攻势，也有重建阶段（后文还将谈及），革命庆典还是流露出任意性，这种任意性伴随着革命庆典的举行、重新解释和政治工具化过程；而这也表明了这种庆典形式不大受认可，没有什么约束力，这种不足也是政治制度快速更迭和政治文化解释随之变化带来的后果。

罗伯斯庇尔的垮台和对恐怖统治的清算

牧月法令颁布后的短短数周内,大革命便停滞不前了。内部冲突加剧,罗伯斯庇尔既不出席救国委员会的会议,也不在雅各宾俱乐部的会议上露面。7月26日(热月8日),他在国民公会发表了一场演说,向议员发出了不点名的含糊威胁。最终准备推翻罗伯斯庇尔的议员包括富歇、科莱·德布瓦、弗雷龙和巴拉斯,他们害怕罗伯斯庇尔会因自己在里昂、土伦和马赛血腥镇压联邦暴动追究自己的责任。因此,他们策划在国民公会上逮捕罗伯斯庇尔。罗伯斯庇尔这时再也指望不上无套裤汉的支持。虽然公社再次敲响了警钟并动员了来自16个选区近3万名积极分子,但这些人没有解救他们曾经的英雄,而是对他的被捕保持沉默,他们认为国民公会推行的工资限额政策有问题并因此感到失望。罗伯斯庇尔试图自杀,但只受了重伤,结果他被推上断头台时已奄奄一息。据警方报道,一群来自郊区的制刷匠围观了罗伯斯庇尔的处决,他们的评论是最高限额掉脑袋了。

7月28日,罗伯斯庇尔与他的105名追随者一同被处死。这也是恐怖统治制度的终结。罗伯斯庇尔为恐怖统治设定了两个目标:拯救革命和建立一个新社会。

第一个目标通过集中政治决议和无情的恫吓胁迫得以实现，但代价惨重。恐怖统治造成了人间惨剧并夺走了数万人的生命，雅各宾政治为此付出了高昂的道德代价。第二个目标是建立一个高尚自足的社会，由于高估了可行性且脱离实际而失败，也失去了对革命政治精英的吸引力，结果只是引发了恐慌。

尽管如此，从个别特殊措施和群众运动的肃反要求到大恐怖的合法化，不能将恐怖的一步步发展解释为革命意识形态的产物。确切地说，统一的意识形态、美德和革命的纯粹性始终只是暴力行为和暴力威胁的事后托词，这种威胁植根于人民的集体远古力量并逐步演变为革命暴力，1789年以来这种暴力就被有意识地当作政治手段。革命暴力并非源自国内外政治进一步发展带来的危机状况，政治争端和行动才是其发展的诱因，也是各政治领导团体对挑战所做的反应。雅各宾派和山岳派的政策尤为如此。他们的讲话和行动是将革命付诸实践，这制造了一股革命推动力。因着这股推动力，仰赖代议制宪法和分权制度的温和派政治见解和决策在政治上被边缘化，而革命却更加激烈。1793年和1794年的权力斗争令恐怖统治系统化，而造成恐怖统治激进和制度化的因素除了对外政治、军事和经济状况，还有交流性和象征性言辞和行为。根据帕特里斯·格尼费的观察，恐怖政策改变了自身职能：如果说在1793年3月至12月的权力斗争中，它是一种"无政府的标志"，那么在1794年春，它便成了"稳定国家的工具"，成为一种有理论依据的权力体系。并不是一种意识形态导致了恐怖统治，而是实行恐怖统治最终导致一种意识形态暂时统治的局面。罗伯斯庇尔被推翻后，恐怖统治随之终结，雅各宾主义意识形态依然存在，但失去了作用。

国民公会在1794年7月28日做出的报复和主张是因为恐惧，属于最后一波大的处决推动力。恐怖统治虽然没有立刻结束，但也很快宣告终结。6月至7月的最后几周，全国有16594名男女成为合法恐怖统治的牺牲者，其中巴黎有1376人。这其中大多数人受到了武装叛乱的指控。恐怖统治于1793年夏至1794年春达到数量上的顶峰。革命法庭的工作也证实了这一点，前7个月里每个月有50人受到控告，1793年11月为300人，1794年6月超过700人。

所有关于大恐怖的统计虽然只是个大概但有些骇人，不少关于大革命的统计也有失准确。然而，虽然数据可能不够精准，但揭示了暴力的规模，并解释了由此引发的持续政治震荡和争议。1935年，唐纳德·格里尔在一项早期的统计中估算出 1793 年 3 月至 1794 年 8 月间被处决的人数为 16594。里昂大屠杀的数据不明，未计在内。那些在拥挤的监狱里死去的人也没算进去。无论如何，格里尔的数字需要大幅上调。牺牲者也绝非只来自旧制度的上层社会。已证实的被处决的人中只有 6.25% 出自佩剑贵族，2% 出自穿袍贵族，6.5% 来自神职人员，14% 来自上层资产阶级，10% 来自中产阶级，31.25% 为手工业阶层，28% 为农民阶层。考虑到各个群体在总人口中所占比例不同，可以看到受牵连的人跨越不同阶层，因此单纯的社会起因不占主导因素。绝大多数处决的根源在于政治动机。

第八章

大革命的政治文化

一直以来,史学界和新闻学界对雅各宾和无套裤汉政权的意义秉持不同观点。很多情况下,政治倾向对评价有影响。20世纪,特别是20世纪50至70年代,新雅各宾派和马克思主义历史学对1792至1794年间大革命的第二阶段予以相当肯定的评价,认为它是"平等革命"(索布尔语)、是最高阶段,从社会和政治角度来看,都是革命的先进阶段。而以傅勒为代表的另一些人则信奉自由主义反对观点,他们将雅各宾时期的经济统制和恐怖政策视为革命偏离历史轨道的证据,并认为这一阶段与1789至1791年阶段(宪法国家的初立时期)相比无甚创新。随着历史研究二十多年来转向思想史和文化史视角，这一评价有所变化，争议有所缓和。毫无疑问，1792 至 1794 年之间的政治激进给法国人的社会生活带来了相当深刻的转变，他们的心理状态和政治思想受到了剧烈冲击，民主政治文化的萌芽正是以这种方式茁壮起来，并强烈影响人们的行为和意识。因此从我们今天意欲研究的角度来看，这两个阶段之间的矛盾不再那么尖锐。

通过将文化和艺术、教育和科学、语言和文学、博物馆和档案馆、服装潮流和建筑各领域融入意志塑造和政治实践之中，大革命表明自己要求全方位变革，打造新社会并具体到塑造新人。这一切的前提是旧制度和传统价值模式、传统社会关系和社会构成或解体或转变，如此方能给公共和私人生活诸领域印上独特的新标记。这些变化到底有多全面和深入，只能大概得知，并且回答这个问题时要有意识地做必要区分。重返督政府的流亡者一致见证了大革命给法国人的生活带来的深刻变化，这些变化体现在公共新秩序和日常生活中。而那些在 1792 年 8 月前抵达巴黎并在恐怖结束后再次出现在巴黎街头的大批革命朝圣者也在游记中记录了这些变化。类似的见闻出现在当时各阶层人士的自传回忆录中，他们回顾了大革命给自己和周边带来的种种变化。

新世界的诞生

大革命对大部分法国人而言意味着社会关系的改变,等级、社团和修会被废除。对一些人来说,这些是长期的变化;而对另外一些人来说,这些变化则是暂时的。无论如何,这是创造和感知新生事物的重要前提。特别是对城市群众和农民而言,大革命中的生活始终意味着与生计艰难和社会不公抗争。但它也意味着正视政治冲突,正视对传统冲突和忧患的政治解读,城市里尤为如此。它意味着有意识或无意识地成为时代见证人,或也意味着在新政治实践、新行动空间、新媒体和新符号的孕育过程中身体力行。

大革命给日常生活带来的最大变化无疑是有关历法、度量和重量的规定。借助革命历法,开创新时代、摆脱基督教传统生活方式的革命要求显而易见并深入人心。1792 年 9 月成为一个新起点。

法兰西共和国元年开始了。这一年发端于 9 月 22 日,分 12 个月,每月 30 天。最后一个月份结束后还余下 5 天(闰年为 6 天)。这就是所谓的"无套裤汉日",也是一系列的国家节日。每个月有 3 周,每周为 10 天,10

天中的最后一天为休息日。星期天变少了。月份名称不再来自神话，而是取法"天然"并大多富有自然意趣，如葡月（葡月=1月）、雾月（雾月=2月）、热月（热月=大革命历法中的11月）等。无套裤汉日旨在纪念和庆祝政治准则及革命事件：言论自由、劳动、天赋、最高主宰节的庆典。

特别是周日和节假日的变动极大地影响了民间风俗。婚礼应在十进制的周日（每旬的最后一天）举行，就职典礼也应按照新历法来安排。正因如此，新历推行起来困难重重，在乡村更是毫无希望。许多信函和文件标注两种时间。1802年十进制时间停用，之后（1805年）拿破仑废除了整个大革命法历法，人们感到轻松了很多。

民主文化

政治集会和参与机会是公共生活中最重要的变化之一。这包括三级会议选举过程中和实施新市政宪章后的区会议。这种实践因为制宪会议推行的新选举法得以延续并成为惯例。人们对巴黎各选区大会的政治掌控并不稳定，但会议不断，这让个人产生了当家做主的感觉，前往国民公会的游行队伍更是如此。

更多参与政治事业和政治公共场合意味着成为政治俱乐部或人民协会的一员。俱乐部的组织形式多种多样，从知识分子的讨论圈到会费制政治议会组织，再到更为开放的人民协会（共济会，*sociétés fraternelles*）。从保王右派到基层民主左派，都是俱乐部的政治覆盖范围。俱乐部的分类以传统的等级君主统治形式为标准，其建立和分类证实了新型政治团体的功用和受认可度。在志同道合的议员之间，在政治公开场合中，这些政治团体起到重要的沟通作用，讨论政治原则和现实问题同样也少不了它们。人们可以在政治俱乐部就宪法和人权、公正和法律的适当性自由争辩，光是这一事实便意味着政治性革命。雅各宾俱乐部和科德利埃俱乐部的历史表明，交流也可以意味着对宪法机关的监督。随着革命的激进化，民众俱乐部越发自视为大革命的守护者。重视基层民主的人民协会认为自己与宪法机构并驾齐驱，负责监督革命思想和象征物。这包括对三色帽章和参与政治庆典加以督控。俱乐部的主导思想无疑是掌握政治话语，而这一思想将俱乐部与启蒙团体的传统联系起来。此外，俱乐部成为政治领袖展示自我和巩固权力的场所。最著名且影响力最大的俱乐部是"宪法之友社"（雅各宾俱乐部的正式名称），协会成员在巴黎圣奥诺雷街废弃的雅各宾修道院中聚会，俱乐部得名于此。雅各宾俱乐部的优势在于覆盖全国的联络网，包括下属俱乐部和报纸信函构成的通讯网。联络网以这种组织方式确保俱乐部顺利度过各种分裂和宪政更迭。12至24里弗尔的年会费将俱乐部与下层社会阻隔开，俱乐部向"人民"紧闭大门，这一点与科德利埃俱乐部截然不同。俱乐部的组织工作和动员力量在1793到1794年达到顶峰。在此期间，所有居民过4000人的城市都有一个俱乐部。城市里的成年男子平均有15%—30%是俱乐部成员，小城市和乡村当中的比例自然低些。

妇女运动自1789年起便明确表达要争取妇女权利。妇女运动成效不大，不过也从政治俱乐部的运动和不断发展中有所获益。1789到1793年间，全国上下伴随着妇女运动组建了大约60个革命俱乐部。在组织密度上，这与男性俱乐部无法相提并论；但对于少数群体而言，这是接触政治的机会，而雅各宾俱乐部往往参与其中。另一方面，由于从社会招募成员及行事温和，这些俱乐部未能激发起妇女，特别是城市市民阶层妇女对社会的广泛不满。而在政治上倚靠科德利埃俱乐部的革命共和派女公民俱乐部是个例外，它因1793年6月2日革命日在国民公会中反对吉伦特派备受关注。因此不难理解，这支俱乐部在打击党派的斗争中率先遭到解散。

俱乐部的一项重要任务是准备选举，不仅包括候选人的推选和公开亮相，也包括选举前的政治动员。它们之所以能够承担这项职能，在于选举的特殊组织和任务。实施选举原则是革命在政治生活中带来的另一种变化，视选举条例和财产调查而定，所有男性或只有少数积极公民参与政治。从所有乡镇官员到国民议会议员，选举原则都适用。从1789年到执政府时期——拿破仑政变（1799年11月9日）后的三人执政府阶段，选举原则一直存在并决定着政治意志的形成。十年的选举实践累积下多场选举，被选举人的任期较短也是一个原因。当时全国约有20场选举待举行。选举首先是象征性地代表了人民主权并体现出宪法治国的政治实践效果。如果说选举的真正民主效应不大，选举的真正诉求在政治上基本上并未实现，那么财产调查导致的选举资格受限不是原因，更何况该规定1793年就暂停实施了。而打破财产调查规定的山岳派也未能对此充分利用，他们情急之下搁置宪法并在近两年时间里中断了所有选举。地方初选50%和其他选举平均25%的较低参选率也并不是在根本上否定民主化效应。影响更大的是强调个体的选举程序，将选民彼此分隔。这是要努力摆脱所有等级社团的约束，并以此禁绝选举委员会和选举联络。这种选举操作并非创新，反而造成了矛盾的后果，传统且不够透明的分级选举方式并未消失，旧有社团联系的暗中存在也带来了挑战。初级会议选举时，没有对参选人的事先介绍，也没有讨论。为避免候选人分散，规定至少进行三轮投票，这往往造成投票过程的冗长。此外，初选应在县首府举行，这对许多选民而言意味着一趟麻烦又昂贵的旅程，许多选民因此从一开始就被排除在选举之外，更别提之后还有费时费力的选举程序。如果想要了解并推选以个人身份参选的候选人，传统的非正式联系和参考对决定就更加重要。最后，一致与公平的政治核心理想必定会因为这种选举程序受到质疑，因为选举意味着区分，意味着新的政治和社会精英形成并活跃起来，选举也让大众更相信有影响力的政界离不开阴谋。因为这些偏见和不可连任这一事实，所以当时难以产生一个形式上透明、政治上稳定的领导阶层。

更多是通过政治俱乐部来选拔政治领导人物，鉴于选举程序可行性不强，政治俱乐部对舆论的形成和候选人的推选尤显重要——与报刊合作自然必不可少，还经常与城市无套裤汉中的激进派发生对峙。

一场媒体革命

此外,法国大革命也是一场媒体革命。报刊的丰富多样和广泛的社会影响、更高的时效性和更强烈的抨击力是公共生活中的一个新现象。与旧制度时代不同,报纸发行更频繁,一般不再是每月而是每周发行。因此在大革命时期,它们的时效性更强,发行量也上升了。《法兰西信使》(Mercure de France)在18世纪后期拥有3000到5000份的发行量,大革命期间发行量高达15000份。《革命巴黎》(Révolutions de Paris)的发行量同样大,另外这也是第一家名称里出现"革命"这个概念的报纸。报刊是革命的媒介,对信息和交流意义重大,尤其是新出现的报纸比革命前的政治性更强。它们反映多种政治观点,对公众参与政治生活具有决定意义。对政治领导人的发展和形象而言,在宣传上利用某报纸或一份报纸的发行同样重要,领导人经常将自己的政治成功和政治影响力归功于报纸。但对他们来说,可谓成也报纸,败也报纸。巴黎出现了400种报刊,外省有80种,其中不乏相当"短命"的。它们当中的大部分专注于报道国民议会的会议、政治进步和政治所面临的障碍,此外还有传闻、丑闻和告密。对政治公众和俱乐部而言，报刊是信息来源，反之也是政治团体的产物和结晶。公民在家、在俱乐部以及成为政治讨论聚集地的咖啡馆阅读报纸。人们并不只热衷于某一份报纸，而是喜欢丰富多样。当然，关于发行量有一个排行榜。

除了印刷的铅字，图片也是舆论载体。图片新闻也经历了一场"毫不逊色的革命"（赖夏特语）。一个由出版商和刻工组成的新阶层因政治事件聚到一起，他们试着将之用"全新快捷的蚀刻技术记录下来、加以评价并煽动传播"（赖夏特语）。图片传单发行量很高，而许多报纸也在头版添加一张小插图、一幅漫画或大一点的版画，这让政治信息看起来更直观更新奇。此外图片传单和多图画页可以借助连续画面构成连环画，这些连环画中夸张和写实交替出现，形成了一个革命图片库。最成功的是《法国大革命历史画卷》（*Tableaux historiques de la Révolution Française*），它定期呈现大革命事件并借助语言和美学手段加以点评。除了革命事件，革命中行动的人也是描摹的对象，意欲了解这一划时代进程的大众有机会欣赏到群众聚集、革命节日和起义暴动的场面。图像媒介对此贡献不小，因为它们将抽象的政治概念视觉化，让人感同身受。除了伟大的革命事件和人物，受欢迎的主题还有将革命解释为时代转折点、对旧制度和社会不公的批评，以及对抽象政治准则的象征化表达和传播。大革命的象征，如自由女神、国家祭坛、宪法石碑，起义和人民主权的象征性标志，多用寓言或漫画的形式呈现出来。图片作者在图片新闻中经常使用传统的图片语言，多用比拟形式，目的是借助最新的图片见证。象征物和文字说明让传统的图片语言适应当下，向观察者提供对事件的解读。历来是君主统治者权威和力量象征的古希腊神话人物赫拉克勒斯被塑造成无套裤汉赫拉克勒斯，其狂野的形象意在表达新主权的革命力量。这是一个学习美和重释美的过程，该过程也存在于革命节日的仪式中。

《历史画卷》的出版大获成功，这表明及时、简洁的图片新闻多么受欢迎。画卷的多个版本也分别在比利时、荷兰、德国等邻国传播，当然这些版本迎合了各邻国文化的观看习惯和体验。

大革命的自我展示：
革命节日

富有突出政治和宣传意义的多媒体事件即为革命节日。联系卢梭的主张，革命节日可以说为新秩序的凝聚力和新社会的合理性提供了情感纽带。在仪式诸如图片和礼俗这样的媒介使用上，节日也融合了多种传统和新的解读。它们沿用了宗教纪念和礼仪形式，当然有意识地推进了世俗化、去宗教化和去教会化。但这个世俗化和去宗教化的过程还是要借用宗教形式和礼俗。宣誓效忠宪法被认为是新政治观念和融合的核心要素，这种宣誓同样借鉴了传统的基督教形式语言，如设置了祭坛和圣像的基督教游行是大革命游行的样板，1792年8月10日以后尤为如此。

最早的庆典是自发举行的。它们完全从前现代的民间文化传统中汲取养分，既像节日又似暴动。拆毁海关障碍物和房屋即是如此，这些建筑有的是由著名的古典建筑师如勒杜和布莱建造，后世艺术史将他们的建筑誉为大革命的建筑艺术。1789年夏，地方革命中的最早节日也不例外。1789年8月庆祝胜利攻下巴士底狱，这场庆典与授旗典礼有关。巴黎和整个欧洲在一年后第一次举行了大型革命庆典，目的是纪念1789年7月14日，这一天成为民族统一的节日并因各省代表团的加入成为国庆日。借用综合手段的庆典和形式语言与统一这个政治诉求相符。各阶级代表参与其中，教会和君主制因素被赋予了新的政治内容：国家祭坛、向国家宣誓、节日盛装和市民社会必不可少的三色帽章。此外，还有维持社会秩序的国民军和手持长矛的市民，而长矛成为无套裤汉的一大特征。很快三色旗也成为国家的象征，同样成为象征物的还有头戴弗里几亚帽的自由女神，人们在1789年底巴黎沙龙最早的画作中就能找到该形象。再晚一些，自1792年起，代表平等和民众的寓言人物也问世了，大多以赫拉克勒斯的形象出现。年轻的共和国还制定了一套自己的庆典节目，雅克-路易·大卫负责设计节目的画面和演出。节日在比喻和象征上的丰富程度及教育意义只有借助书面解释才能被领会，这些解释已经事先提交给国民公会批准。城市构造自有其象征性语言，把握包括城市构造在内的传统和大革命带来的重新解读又一次成为演出的决定性特征。

意图很清楚：节日有利于大革命及新的价值体系展示自我，自由、国家和宪法这些抽象原则起到牵制作用，要能具体感知这些原则并进行交流。随着革命的推进，要求巩固新传统和予以纪念的呼声越来越高。革命很快就发展了一套自己的节日日历，日历中的重要时间点也是对大革命特殊准则和重大事件的纪念。政治宪法更迭，对关键革命事件出现新的解释，各节日的模式和功用也随之发生变化。7月14日的庆典始终是核心的存在。

相反，庆祝统一和博爱的节日（1792年8月10日）和1794年6月8日的最高主宰节盛宴在五人督政府时期（1794/1795年恐怖统治结束后的新政府）都取消了。五人督政府期间，革命纲领在节日日历中要么被摒弃，要么被重新解释；7月14日的联盟节容易让人想起1792年频发的暴力事件，因此变成自由之节。公开演出和纪念活动应以纯粹的形式呈现对革命的遗忘和终结，而热月之后实施的政策虽竭尽全力也未能实现这一点。

第九章
大革命结束了：
1795—1799

罗伯斯庇尔于热月9日垮台，此事件被普遍认为是长期政治激进化和暴力终结的标志，人们额手称庆。热月9日事件使革命激进化进程的内在动力不复存在。在革命辞令和政治权力这两者的争斗中，后者获胜。如今推崇的是回归温和自由的宪政革命观点。不久后用来刻画这些变化的政治标语，即"反动"这一概念，对该过程的描述不够充分，如果这一概念就像同时代字典所定义的那样指的是试图报复和耿耿于怀的话。

罗伯斯庇尔政权结束的两天后，"恐怖"这个概念就已经出现用以描述这个刚刚结束的政体。热月也暗示了大革命迟早会结束，因为政治的重大转折和觉醒为稳定宪政体系的新开端提供了良好的前提条件。然而，依据最重要参与方的政治力量对比和政治社会利益，这只有在两个条件下才能实现：必须保留共和国，需要打压的仅仅是不稳定因素，即雅各宾派和无套裤汉。关于战争的合理性，布里索的拥护者认为发动战争是为了反抗欧洲专制君主、捍卫自由和民族解放。

遗忘策略及其失败

首先，那些幸免并试图借助遗忘和重新来过策略免于承担大恐怖责任的人谋求的政策是：牺牲革命委员会，重建权威。为此也再次准许吉伦特派进入国民公会。新选举只有在新宪法通过后才得以实现。新救国委员会只对战争和外交政策负责。其余委员会遭到解散，革命法庭的职权受到限制。相反，恐怖统治的游击队员遭逮捕并被告上法庭。稳定政治的重要一步是最终关闭雅各宾俱乐部和巴黎选区。

借助两院制作为平衡机制写入宪法，政府与议会再度分离并由五人督政府接管，新宪法是要抵制议会及其委员会大权独揽的局面再出现。热月党人不希望君主制复辟，而是希望建立并巩固一个温和的共和国。他们反对极端民主，即人民在没有中间权力的情况下的直接统治。这是法国大革命重要理论家西哀士从1792到1794年间吸取的经验，这些经验令他成了热月党和五人督政府的思想先驱。

接下来的几年内，宣告的要求和稳定政策的实现程度之间的差距没消失，反而一再显现。原因有三：其一，城市群众运动和雅各宾派没法轻易被驱散，同时在反俱乐部和反选区的斗争中，反对雅各宾的政府政策也部分运用了恐怖统治的方法，这引发了新的起义和格拉克斯·贝巴夫的平等主义密谋。其二，新宪法在制度和政治上未能将对往昔岁月的回忆和稳定公民秩序的期望调和起来。其三，保王势力出现，他们的暴动和密谋让脆弱的宪法妥协更加岌岌可危。

在革命俱乐部和巴黎选区从罗伯斯庇尔倒台带来的冲击中恢复过来后，民众受到反雅各宾政府挑唆，调动了出色的宣传和聚集能力。人们制作传单，呼吁加入秘密议会并向国民公会发出抗议信。在失望和不满的背景下，持续的供应危机也导致了第三年芽月和牧月的两场新群众暴动。无套裤汉的游行队伍再次走上街头，他们在1795年4月1日从郊区向国民公会进发，在那里被忠诚于政府的军队击退。1795年5月20日和23日传统的第二次冲锋引起了更多的共鸣，组织得更好且影响也更大。约2万名武装的无套裤汉包围了国民公会，要求实行一项经济和政治计划，该计划与雅各宾时期的面包配给要求一脉相承。同时，伴随着实施1793年宪法的呼声，该计划试图脱离救国委员会的影响建立起自己的传统。自此，从未生效的1793年宪法成为左倾新雅各宾派的政治焦点。

牧月起义受到军事力量镇压而失败，但这并不是人们所渴望的政治转折点，而是动员了新的群众运动并引发了新俱乐部的建立，其中一些俱乐部不公开行动。这当中值得一提的是社会革命者格拉克斯·贝巴夫领导的秘密组织。迄今为止，贝巴夫在大革命中更多扮演的是激进的观察者和次要积极分子的角色，他将溃散的雅各宾分子聚集在一个"秘密救国理事会"中，制定了一套激进民主化、讲求社会平等的早期社会主义纲领，筹备秘密部队的起义工作，起义的目标是赋予革命临时政府实行专制的权力，而该革命政府应作为革命先驱建立一个平等社会。贝巴夫的平等主义密谋遭到泄露，密谋者于1796年5月10日被捕，五人督政府希望通过公审表明自己的警惕性和制度效力。出于安全原因，公审在旺多姆的卢瓦-谢尔区举行。在三个月的公审后,密谋者被处决。

1795年8月22日通过的宪法特别注重分权,引入了两院制。然而,组阁的标准既非源于英国的宪政思想,也未遵从财产等级区分法。人们建立了一个250人的"元老院",成员不小于40岁,要么已婚要么丧偶。此外还有一个500人院,成员不可小于30岁。这背后的想法是:年龄和婚姻状况是政治深谋远虑的前提。两院每年分别更换三分之一的成员,以应对可能发生的突发政治变动。行政权应当掌握在五人督政府手中。其成员由两院选举产生。实际上宪法的公信力已经大为削弱,这是因为选举波动不断,保守派和左派轮番占上风,督政官操纵选举也令选举的可信度下降。

拯救和维护

一切都是为了建立一个有着代表机构并正常运转的共和国。

但事实很快就表明,宪政秩序的建立不能违背政治运动和权力集团的意志,也不可脱离过去。

面对社会危机和战争,资产阶级、雅各宾派继承人和倾向君主制的保守派之间的权力斗争无可避免，成为宪法生活的一部分，而此时的宪法生活尚未着眼于多元和均衡思想。

不仅如此，阵线和阵营之间的矛盾冲突无法调和。年轻的资产阶级从对恐怖的恐惧中解脱了出来。作为镀金青年，他们引人注目的出场和服饰与雅各宾式的苦行构成了鲜明对比，他们还热衷于"追捕"无套裤汉和曾经的"恐怖分子"。日常生活受到雅各宾派和温和派之间象征主义之战的影响，而温和派也很快将自己定义为革命的反对者。

特别是政治右倾成为可能。通过废除雅各宾机构和重新引入宗教仪式，这一趋势在政治上得到强化。

右派在政治上的反动令部长陷入了困境。1795年10月，君主主义者企图发动政变，但并未从躁动的城市民众那儿获得支持。与此同时，刚失业的年轻军官拿破仑·波拿巴因在内战中表现神勇而崭露头角，他下令用大炮射杀起义者。

为了力压右倾势力的抬头，督政官们于1797年9月4日发动了一场政变，53名议员和2名督政官被流放。此次事件明确宣告代议制宪法破产。对此，议会于1799年6月18日采取的对策也无济于事，它通过新选举强化了左派的多数派地位，并通过罢免三名保守派督政官实施报复。敌对集团之间的平衡再也无法建立，革命无法以这种方式终结。

最后，在热月党人领导者西哀士的帮助下，常胜的革命将军拿破仑·波拿巴于雾月18日（1799年11月9日）发动政变，接替了督政府。在12月15日的宣言中，他表明了自己的专制统治主张，即结束大革命并保留其成果。"公民们，大革命与当初借以发端的原则已密不可分。大革命结束了。"对外，拿破仑认同革命，另一方面却为自己披上了军事英雄和超凡救世主的外衣，表明一种折中的方式，但这种方式不久后自然会因为个人野心和战争的延续而被抛弃。拿破仑只保留了1789年革命的一部分遗产，特别是革命的资产阶级成就，包括权利平等和财产宪法。他放弃了政治参与因素，通过公民表决的虚假议会制替代了政治自由和话语权，这一主张早在督政府时期就已初见端倪。他全力完成雅各宾派时期开始加强的行政中央集权，建立了警察制度。他巩固了大国的形象并赋予它军事帝国的色彩，五人督政府中同样宣告过这一点。如此，革命的宪法史又多出一个选择和经验，即专制波拿巴主义。毫无疑问，由于革命和君主制元素、内部稳定和无节制军事扩张这两对矛盾体的存在，这一主义最终也难逃失败的命运。拿破仑帝国的灭亡和随后波旁王即路易十八和查理十世（路易十六的两个弟弟）的复辟并不意味着法国大革命落下了帷幕。大革命在19世纪经历了一个新时期，标志是1830年、1848年和1871年的革命，直到最终在第三共和国建立了政治和社会之间的平衡。直到此时，酝酿于1789年大革命的经济和社会改变才蔚然成风。当然，如果说时人早已意识到1789年的革命是场"伟大的"革命，那主要是因为政治文化中那些转瞬即逝却又影响深远的变化，这些变化开启了一个新的时代。

时间表

1787年	
2月22日	在凡尔赛召开显贵会议
6—8月	巴黎法院拒绝登记王室改革
1788年	
7月21日	革命前在维齐尔召开三级会议
8月8日	召集1789年5月1日的三级会议
8月26日	委任内克尔为财政大臣
12月27日	枢密院会议决定将第三等级数量翻番
1789年	
1月24日	召开三级会议选举
1月	西哀士发表《什么是第三等级?》
2—5月	面包暴动;编写陈情书
4月28日	巴黎通宵起义
5月5日	在凡尔赛召开三级会议
6月17日	第三等级宣布成立国民议会

6月20日	网球厅宣誓
6月27日	国王命令贵族和教士加入国民议会
7月9日	国民议会宣布改称制宪议会
7月14日	攻占巴士底狱
7月15日	巴伊任市长,拉斐特成为国民自卫军司令
7月20日	乡村地区的大恐慌
7—8月	市政革命
8月4日	废除封建权益和特权
8月26日	颁布《人权和公民权宣言法令》
10月5—6日	妇女游行向凡尔赛进发;王室和国民议会迁至巴黎
11月2日	将教会财产收归国有
12月19日	颁布指券支出法令
12月22日	法国划分为83个省
1790年	
2月13日	废除宗教体系
4月27日	建立科德利埃俱乐部
6月19日	废除贵族
7月12日	通过《教士公民组织法》
7月14日	联盟节
8月16日	废除封建法庭
9月6日	解散议会
9月27日	神职人员宣誓效忠宪法
1791年	
3月2日	废除行会
4月2日	米拉博去世
6月14日	《列沙白里哀法》禁止工人结社和罢工

6月20—21日	国王举家潜逃,于瓦雷纳被截
7月16日	雅各宾俱乐部分裂,斐扬俱乐部成立
7月17日	国民自卫军血腥镇压练兵场上的反君主制示威游行
7月	普罗旺斯伯爵出逃
8月27日	奥地利、普鲁士签署《皮尔尼茨宣言》
9月3日	通过宪法
9月12日	阿维尼翁被并入法国
9月14日	国王宣誓效忠宪法
10月1日	法国立法议会成立
10月20日	布里索开始为战争做宣传
1792年	
1—3月	巴黎陷入骚乱,乡村供应短缺,物价上涨
3月15日	任命吉伦特派部长
4月20日	法国对奥地利宣战
4月25日	首次使用断头台
5月	法国在北部边界军事失利
6月12日	免职吉伦特派部长
6月20日	群众于杜伊勒里宫前发动游行示威反抗国王
7月11日	宣布进入国家紧急状态
7月25日	布伦瑞克公爵发布宣言
8月10日	攻克杜伊勒里宫,废除君主政体,将国王全家监禁在丹普尔堡
8月11日	组建临时政府,丹东成为司法部长;召集国民公会
9月2—6日	监狱大屠杀
9月20日	立法议会解散;炮击瓦尔密

9月21日	国民公会成立，废除君主政体，宣布成立一个统一且不可分割的共和国
9月22日	法兰西共和国第一年开始
9月27日	革命军在萨伏伊取胜
10月10日	将布里索从雅各宾俱乐部开除
10月21日	占领美因茨
11月6日	法国在蒙斯取胜
12月11日	开始审判路易十六
1793年	
1月21日	处决路易十六
2月1日	向英国及荷兰宣战
2月24日	发布公告征召30万名志愿军
2月25—26日	巴黎店铺风暴
3月10日	建立巴黎革命法庭
3月11日	旺代省开始爆发反革命起义
3月18日	法国在比利时战败
4月6日	建立救国委员会
5月4日	发布"全面限价法令"
5月10日	革命共和党人协会成立
5月31日—6月2日	巴黎无套裤汉起义，逮捕吉伦特派领导人
6月25日	雅克·鲁在国民公会宣读《忿激派宣言》
7月	联盟起义开始
7月10日	丹东离开救国委员会
7月13日	马拉被夏洛特·科尔代谋杀
7月17日	无偿地废除一切封建和领主权力
7月27日	罗伯斯庇尔当选为救国委员会委员
8月10日	公布1793年共和国宪法

8月23日	规定未婚男性公民有义务使用武器
8月25日	国民公会派军平定马赛起义
8月27日	英国人占领土伦
9月4—5日	无套裤汉试图起义反抗国民公会
9月17日	颁布《嫌疑犯法令》
9月29日	规定最高限价
10月5日	使用共和国历法
10月9日	国民公会派军平定里昂起义
10月10日	建立"革命政府"
10月16日	法国在瓦蒂尼战胜奥地利,玛丽·安特瓦纳特被处决
10月30日	妇女俱乐部遭禁止
10月31日	处决吉伦特派领导人
11月10日	在巴黎圣母院举行"自由和理性节"
12月23日	击溃旺代起义军,南特的大规模处决
1794年	
2月4日	废除殖民地奴隶制度
3月24日	处决埃贝尔及其追随者
4月5日	处决丹东及其追随者
5月20—23日	暗杀科洛·德布瓦和罗伯斯庇尔
6月8日	"最高主宰"庆典
6月10日	大恐怖开始
6月26日	革命军在弗勒吕斯战胜奥地利
7月27—28日	推翻并处决罗伯斯庇尔及其追随者,热月党人统治开始
9—10月	攻占莱茵兰;反对雅各宾派和无套裤汉的"白色恐怖"在法国全面爆发

11月22日	关闭雅各宾俱乐部
12月8日	吉伦特派重回国民公会
12月24日	废除最高限价法令
1795年	
1月	攻占荷兰
4月1日	无套裤汉起义,宣称要"面包和1793年宪法"
4月5日	在巴塞尔与普鲁士缔结和约
5月16日	建立巴达维亚共和国(荷兰)
5月20—23日	无套裤汉在巴黎发动牧月起义
5月31日	废除革命法庭
9月23日	颁布督政府宪法
10月5日	保皇党人在巴黎发动葡月起义,被波拿巴镇压
10月26日	解散国民公会
10月31日	首次建立五人督政府
11月16日	为雅各宾派和巴贝夫建立先贤祠
1796年	
2月19日	废除指券
3—4月	波拿巴领导军队胜利征战意大利北部
5月10日	逮捕巴贝夫及其追随者
10月16日	宣布在意大利成立奇斯帕达拉共和国
1797年	
2月4日	停止纸币流通,重新使用硬币
3—4月	保守派和反革命势力选举胜利
5月27日	处决巴贝夫
6月6日	成立利古里共和国
9月4日	五人督政府发动果月政变

10月17日	与奥地利签订《坎波福尔米奥和约》
1798年	
2月9日	建立赫尔维齐共和国
4—5月	选举500人院并取消左派议席
5月19日	波拿巴远征埃及
10月15日	在练兵场举行首次国家工业展
11月16日	第二次反法联盟成立
1799年	
1月23日	成立帕特诺珀共和国（那不勒斯）
3月	新雅各宾派选举胜利
4月27日	奥地利军队占领米兰；齐萨尔皮尼共和国解体
6月18日	500人院发动政变反抗五人督政府
7月	罗马共和国和帕特诺珀共和国解体
10月8日	波拿巴返回法国
11月9—10日	波拿巴发动雾月政变；五人督政府解体
12月15日	颁布共和八年宪法；拿破仑·波拿巴成为首席执政官

参考文献

法国大革命史向来是国际社会研究法国的重点所在。在罗纳德·考德威尔最新的法国大革命参考书目《法国革命时代——1789—1799年西方文明史参考书目》(纽约/伦敦，1985)中，单是出自法国的就有34588部作品，另有7831部作品来自其他欧洲国家。时逢1989年法国大革命两百周年庆典，新一轮大规模出版活动开启，安托万·德巴克和米歇尔·沃韦勒的《大革命研究——200周年科学研究总结》(巴黎，1991)记录了这次出版浪潮。

针对研究现状，德国的法国大革命研究有报告如下：1992年，卡塔琳娜和马蒂亚斯·米德尔的《法国大革命200周年——对200周年的批判性回顾》于莱比锡出版，还有沃尔夫冈·施马勒的《两百周年——一份研究报告（两部分）》[见《历史年鉴》杂志113期(1993)第447—481页；114期(1994)第135—174页。]提及了学术讨论的最新发展，特别是《法国大革命历史年鉴》。

在这些纷杂的最新文献中，我们首先应选择有德语版本以及对构建新的研究见解有意义的作品。当然也会提及概述作品，它们或属于传统研究，或为最新研究的总结。

最重要的参考著作是阿尔贝·索布尔的《法国大革命历史词典》（巴黎，1989）和弗朗索瓦·傅勒、莫纳·奥祖夫出版的史学论文集《法国大革命关键词典》（美因河畔的法兰克福，1996）。由塞尔日·博南和克洛德·朗格卢瓦编写的《法国大革命图集》（10卷，巴黎，1987—1997）提供的政治、社会和经济数据图表资料内容翔实，可信度高。此外，20世纪80年代的各种会议卷宗概述了当时的研究趋势，代表作品有：基思·贝克、科林·卢卡斯、弗朗索瓦·傅勒和莫纳·奥祖夫的《法国大革命和创造现代政治文化》（4卷，牛津，1987—1994）；赖因哈德·科泽勒克和罗尔夫·赖希哈特的《法国大革命作为社会意识的断裂》（慕尼黑，1988）。

自19世纪初以来，有关法国大革命的历史编纂素有厚重的合集，其中不少为多卷本。这些作品反映了当时的认知状况和革命阐释，往往在法国的政治文化背景下代表了一定的政治立场。多年前，弗朗索瓦·傅勒在《从事件到历史主题》（法兰克福、柏林、维也纳，1980）一书中强烈要求将大革命史与各种政治文化阐释相分离，这一要求主张历史地看待大革命，本身也具有政治性。最近一本有分量、立足于马克思主义观点的合集《伟大的法国大革命》（美因河畔的法兰克福，1973；第五版修订版，1988）出自阿尔贝·索布尔之手。弗朗索瓦·傅勒和丹尼斯·里希特的《法国大革命》（美因河畔的法兰克福，1968）重新审视了索布尔对于新雅各宾的解读，对后来的研究影响深远。威廉·道尔的合集《法国大革命牛津史》（牛津，1989）与马克思主义观点划清界限，强调了政治历史观，是一部较为全面和可靠的作品。米歇尔·沃维尔基于社会和思想史设定的简要概述《法国大革命——社会运动与思想巨变》（美因河畔的法兰克福，1985）标志着当前研究状况的过渡，革命中思想和政治文化的巨变受到了关注。罗尔夫·赖希哈特的《自由之血——法国大革命和民主文化》（美因河畔的法兰克福，1988）是最为出色的相关德语著作，它明确强调大革命的政治文化史并重墨描写了外省事件。恩斯特·舒林的《法国大革命》（慕尼黑，1988；第四版修订版，2004）与之立场接近，但更侧重整体概述。罗尔夫·赖希哈特的《法国大革命》（维尔茨堡，1988）不以事件发展为重点，而是强调系统性，提供了确凿的基础信息。该文集的出彩之处在于将图片纳入分析当中。彼得·麦克菲的《1789—1799年法国大革命》（牛津，2002）兼顾政治、经济和文化史，是一部反映最新研究状况的精简之作。安妮·杰尔丹的《革命，法国的例外？》（巴黎，2004）摒弃了单纯的法国视角，同时关注了政治文化史角度。正如杰尔丹所倡导的，赫尔穆特·伯丁、爱蒂安·弗朗索瓦和汉斯-彼得·乌尔曼出版的文集《法国大革命时期的德国和法国》（美因河畔的法兰克福，1989）将法国大革命视为在革命模式和改革模式之间游移的转变过程并加以比较。

在最新专注于革命特定方面的专著中，受限于篇幅，这里只提少数作品。更多信息可查阅上述概论。关于大革命的起因可参考威廉·道尔的《法国大革命的起源》（牛津，1980），关于7月14日的事件及意义可参考温弗里德·舒尔泽的《1789年7月14日，一日传》（斯图加特，

1989)。关于政治俱乐部的历史可参考迈克尔·肯尼迪的《法国大革命中的雅各宾俱乐部——第一年》(普林斯顿, 1982)、M. J. 西德纳姆的《吉伦特派》、凯茨的《社交圈、吉伦特派和法国大革命》(普林斯顿, 1985)。关于代表的起源和政策可阅蒂莫西·塔克特的《成为革命者：法国国民议会代表与革命文化的产生(1789—1790)》(普林斯顿, 1996)。为政治文化研究带来突破的是莫纳·奥祖夫的《1789—1799年革命节日》(巴黎, 1976)，第一部达到相关研究高度的作品是林恩·亨特的《权力的象征，象征的力量——法国大革命和政治文化蓝图》(美因河畔的法兰克福, 1989)。关于革命象征史和图片史的典范作品是汉斯-于尔根·吕塞布林和罗尔夫·赖希哈特的《巴士底狱——统治和自由的象征史》(美因河畔的法兰克福, 1990)及克劳斯·赫丁和罗尔夫·赖希哈特的《法国大革命在图片报道中的象征意义》(美因河畔的法兰克福, 1989)。丹尼尔·阿拉塞在《断头台——机器的力量和正义的到场》(赖因贝克, 1988)中讲述了断头台的象征意义及其思想教育力量。讲述群众运动史的代表作是乔治·鲁德的《法国大革命中的群众》(慕尼黑, 1961)及阿尔贝·索布尔的《法国大革命和群众运动：无套裤汉》(美因河畔的法兰克福，1978）。在关于恐怖统治的争论中保持中立立场的是帕特里斯·格尼菲的《恐怖政治》（巴黎，2000）。同时，也有大量关于革命地区史的研究，如盖尔·博森加的《特权政治：旧制度与里尔的革命》（剑桥，1991），威廉·埃德蒙兹的《雅各布主义与里昂起义，1789—1793》（牛津，1990），阿兰·福里斯特和彼得·琼斯的《重塑法国：法国大革命时期的城镇、国家和地区》（曼彻斯特，1991）。概述革命对日常生活影响的作品有让-保罗·贝托的《法国大革命时期的日常生活》（维尔茨堡，1989）。妇女、家庭和两性关系史是最新研究的侧重点，与之相关的综述参见凯瑟琳·马兰-富凯的《革命时期的女性》（巴黎，1989）及维多利亚·施密特-林森霍夫出版的《奴隶还是公民？法国大革命和新女性，1780—1830》（马尔堡，1989），还有林恩·亨特的《情色与国家》（巴尔的摩/伦敦，1991）。讲述暴力史的有霍斯特·格布哈特的《自由、平等、凶残——法国大革命暴力史》（奥格斯堡，2011）。讲述选举史的有马尔克·克鲁克的《法国大革命中的选举——民主的学徒》（剑桥，1996）。

德中译名对照表

德文原文	中文译文
Artois, Charles Philippe, Graf von siehe Karl X	夏尔·菲利普·阿图瓦伯爵，参见卡尔十世
Antoine Pierre Joseph Marie Barnave	安托万·皮埃尔·约瑟夫·玛丽·巴纳夫
Adrien Duport	阿德里安·迪波尔
Abbé Henri Grégoire	阿贝·亨利·格雷瓜尔
Alexandre de Lameth	亚历山大·拉梅特
Abbé Jean Maury	阿贝·让·莫里
Abbé Guillaume Thomas François Raynal	阿贝·纪尧姆·托马·弗朗索瓦·雷纳尔
Antoine Joseph Santerre	安托万·约瑟夫·桑泰尔
Anne Robert Jacques Turgot Baron de l'Aulne	安·罗伯特·雅克·杜尔哥，劳恩男爵
Abbé Emmanuel Joseph Sieyès	阿贝·埃马纽埃尔·约瑟夫·西哀士
Babeuf	巴贝夫
Boullé	布莱
Braunschweig, Herzog von, siehe Karl II Wilhelm Ferdinand	布伦瑞克公爵，参见卡尔二世，威廉·斐迪南

Bernard-René Jordan Launay Marquis de	贝尔纳-勒内·若尔丹，洛奈侯爵
Baron Pierre-Victor Malouet	巴龙·皮埃尔-维克托·马卢埃
Charles Alexandre de Calonne	查尔斯·亚历山大·德·卡洛纳
Charlotte Corday	夏洛特·科尔代
Camille Desmoulins	卡米耶·德穆兰
Charles François Dumouriez	查尔斯·弗朗索瓦·迪穆里埃
Claire Lacombe	克莱尔·拉孔布
Charles Maurice de Talleyrand	查尔斯·莫里斯·塔列朗
Georges Danton	乔治·丹东
Honoré Gabriel Riqueti Mirabeau Graf	奥诺雷·加百列·里克蒂，米拉博伯爵
Jacques de Cazalès	雅克·德·卡扎莱斯
Joseph Chalier	约瑟夫·沙利耶
Jean Marie Collot d'Herbois	让·玛丽·科洛·德布瓦
Jacques Louis David	雅克·路易·大卫
Joseph Fouché	约瑟夫·富歇
Joseph Guillotin	约瑟夫·吉约丹
Jacques René Hébert	雅克·勒内·埃贝尔
Jean Paul Marat	让·保罗·马拉
Jean Joseph Mounier	让·约瑟夫·穆尼埃
Jacques Necker	雅克·内克尔
Jérome Pétion de Villeneuve	热罗姆·佩蒂翁·德·维伦纽夫
Jean Jacques Rousseau	让·雅克·卢梭
Jacques Roux	雅克·鲁
Jean Varlet	让·瓦尔莱
Jean Sylvain Bailly	让·西尔万·巴伊
Jean Nicolas Billaud-Varenne	让·尼古拉·比约-瓦雷纳
Jacques Pierre Brissot	雅克·皮埃尔·布里索
Karl Ⅱ Wilhelm Ferdinand, Herzog von Braunschweig	卡尔二世，威廉·斐迪南，布伦瑞克公爵
Louis Sébastien Mercier	路易·塞巴斯蒂安·梅西耶
Louis Philippe Joseph Orléans Herzog von	路易·菲利普·约瑟夫·奥尔良公爵

Ledoux	勒杜
Loménie de Brienne	洛梅尼·德·布里安
Lazare Nicolas Marguerite Carnot	拉扎尔·尼古拉·玛格丽特·卡诺
Louis Marie Stanislas Fréron	路易斯·玛丽·斯坦尼斯·弗雷龙
Ludwig XIV, König von Frankreich	路易十四，法国国王
Ludwig XV, König von Frankreich	路易十五，法国国王
Ludwig XVI, König von Frankreich	路易十六，法国国王
Ludwig XVIII, König von Frankreich	路易十八，法国国王
Louis Antoine Léon de Saint-Just	路易·安托万·莱昂·弗罗莱·德·圣茹斯特
Marie Jean Antoine Condorcet Marquis de	马利·让·安托万·孔多塞侯爵
Marie Joseph Paul Yves Roch Gilbert Motier Lafayette Marquis de	马里·约瑟夫·保罗·伊夫·罗克·吉尔贝尔·杜·莫提耶，拉斐特侯爵
Maximilien François Marie Isidore de Robespierre	马克西米连·弗朗索瓦·马里·伊西多·德·罗伯斯庇尔
Marguerite Élie Guadet	埃利耶·玛格丽特·加代
Napoleon I Bonaparte siehe Napoleon Bonaparte	拿破仑一世，参见拿破仑·波拿巴
Napoleon Bonaparte	拿破仑·波拿巴
Paul François Jean Nicolas Barras Vicomte de	保罗·弗朗索瓦·让·尼古拉，巴拉斯子爵
Pierre Gaspard Chaumette	皮埃尔·加斯帕德·肖梅特
Philippe-Henri Ségur Marquis	菲利普—亨利·塞居尔侯爵
Pierre Victurnien Vergniaud	皮埃尔·维克蒂尼安·韦尼奥
René Nicolas Charles Augustin de Maupeou	勒内·尼古拉·夏尔·奥古斯坦·德·莫普
Réveillon	雷韦永

图书在版编目（CIP）数据

法国大革命 /［德］汉斯－乌尔里希·塔默著；经轶，吕馥含译．—上海：上海三联书店，2019.10

（贝克知识丛书）

ISBN 978-7-5426-6751-9

Ⅰ.①法… Ⅱ.①汉… ②经… ③吕… Ⅲ.①法国大革命－研究 Ⅳ.① K565.41

中国版本图书馆 CIP 数据核字（2019）第 172357 号

法国大革命

著　者／［德］汉斯－乌尔里希·塔默
译　者／经　轶　吕馥含
责任编辑／程　力
特约编辑／张　莉
装帧设计／Metis 灵动视线
监　制／姚　军
出版发行／上海三联书店
　　　　（200030）中国上海市漕溪北路 331 号 A 座 6 楼
邮购电话／021-22895540
印　刷／三河市中晟雅豪印务有限公司
版　次／2019 年 10 月第 1 版
印　次／2019 年 10 月第 1 次印刷
开　本／787×1092　1/32
字　数／57 千字
印　张／4.5

ISBN 978-7-5426-6751-9/K·542

定　价：31.80 元

DIE FRANZÖSISCHE REVOLUTION
by Hans-Ulrich Thamer
© Verlag C.H.Beck oHG, München 2013
Simplified Chinese language copyright © 2019
by Phoenix-Power Cultural Development Co., Ltd.
All rights reserved.
本书中文简体版权归北京凤凰壹力文化发展有限公司所有，
并授权上海三联书店出版。
未经许可，请勿翻印。

著作权合同登记号　图字：09-2019-602 号